HINDI

VOCABULÁRIO

PORTUGUÊS
HINDI

Para alargar o seu léxico e apurar
as suas competências linguísticas

3000 palavras

I0170483

Vocabulário Português-Hindi - 3000 palavras

Por Andrey Taranov

Os vocabulários da T&P Books destinam-se a ajudar a aprender, a memorizar, e a rever palavras estrangeiras. O dicionário é dividido em temas, cobrindo todas as principais esferas de atividades quotidianas, negócios, ciência, cultura, etc.

O processo de aprendizagem, utilizando os dicionários baseados em temáticas da T&P Books dá-lhe as seguintes vantagens:

- Informação de origem corretamente agrupada predetermina o sucesso em fases subsequentes da memorização de palavras
- Disponibilização de palavras derivadas da mesma raiz, o que permite a memorização de unidades de texto (em vez de palavras separadas)
- Pequenas unidades de palavras facilitam o processo de estabelecimento de vínculos associativos necessários para a consolidação do vocabulário
- O nível de conhecimento da língua pode ser estimado pelo número de palavras aprendidas

T&P Books Publishing
www.tpbooks.com

ISBN: 978-1-78616-582-4

Este livro também está disponível em formato E-book.
Por favor visite www.tpbooks.com ou as principais livrarias on-line.

VOCABULÁRIO HINDI
palavras mais úteis

Os vocabulários da T&P Books destinam-se a ajudar a aprender, a memorizar, e a rever palavras estrangeiras. O vocabulário contém mais de 3000 palavras de uso comum organizadas tematicamente.

O vocabulário contém as palavras mais comummente usadas

Recomendado como adicional para qualquer curso de línguas

Satisfaz as necessidades dos iniciados e dos alunos avançados de línguas estrangeiras

Conveniente para o uso diário, sessões de revisão e atividades de auto-teste

Permite avaliar o seu vocabulário

Características especias do vocabulário

* As palavras estão organizadas de acordo com o seu significado, e não por ordem alfabética
* As palavras são apresentadas em três colunas para facilitar os processos de revisão e auto-teste
* As palavras compostas são divididas em pequenos blocos para facilitar o processo de aprendizagem
* O vocabulário oferece uma transcrição simples e adequada de cada palavra estrangeira

O vocabulário contém 101 tópicos incluindo:

Conceitos básicos, Números, Cores, Meses, Estações do ano, Unidades de medida, Roupas & Acessórios, Alimentos & Nutrição, Restaurante, Membros da Família, Parentes, Caráter, Sentimentos, Emoções, Doenças, Cidade, Passeios, Compras, Dinheiro, Casa, Lar, Escritório, Trabalho no Escritório, Importação & Exportação, Marketing, Pesquisa de Emprego, Desportos, Educação, Computador, Internet, Ferramentas, Natureza, Países, Nacionalidades e muito mais ...

TABELA DE CONTEÚDOS

GUIA DE PRONUNCIAÇÃO

Letra	Exemplo Hindi	Alfabeto fonético T&P	Exemplo Português

Vogais

Letra	Exemplo Hindi	Alfabeto fonético T&P	Exemplo Português
अ	अक्सर	[a]; [ɑ], [ə]	chamar; milagre
आ	आगमन	[aː]	rapaz
इ	इनाम	[i]	sinónimo
ई	ईश्वर	[i], [iː]	sinónimo
उ	उठना	[ʊ]	bonita
ऊ	ऊपर	[uː]	blusa
ऋ	ऋग्वेद	[r, rˈ]	abril
ए	एकता	[eː]	plateia
ऐ	ऐनक	[aj]	baixar
ओ	ओला	[oː]	albatroz
औ	औरत	[au]	produção
अं	अंजीर	[ŋ]	alcançar
अः	अ से अः	[h]	[h] aspirada
ऑ	ऑफिस	[ɒ]	chamar

Consoantes

Letra	Exemplo Hindi	Alfabeto fonético T&P	Exemplo Português
क	कमरा	[k]	kiwi
ख	खिड़की	[kh]	[k] aspirada
ग	गरज	[g]	gosto
घ	घर	[gh]	[g] aspirada
ङ	डाकू	[ŋ]	alcançar
च	चक्कर	[tʃ]	Tchau!
छ	छात्र	[tʃh]	[tsch] aspirado
ज	जाना	[dʒ]	adjetivo
झ	झलक	[dʒ]	adjetivo
ञ	विज्ञान	[ɲ]	ninhada
ट	मटर	[t]	tulipa
ठ	ठेका	[th]	[t] aspirada
ड	डंडा	[d]	dentista
ढ	ढलान	[d]	dentista
ण	क्षण	[n]	O nasal retroflexo
त	ताकत	[t]	tulipa
थ	थकना	[th]	[t] aspirada
द	दरवाज़ा	[d]	dentista
ध	धोना	[d]	dentista
न	नाई	[n]	natureza

Letra	Exemplo Hindi	Alfabeto fonético T&P	Exemplo Português
प	पिता	[p]	presente
फ	फल	[f]	safári
ब	बच्चा	[b]	barril
भ	भाई	[b]	barril
म	माता	[m]	magnólia
य	याद	[j]	géiser
र	रीछ	[r]	riscar
ल	लाल	[l]	libra
व	वचन	[v]	fava
श	शिक्षक	[ʃ]	mês
ष	भाषा	[ʃ]	mês
स	सोना	[s]	sanita
ह	हज़ार	[h]	[h] aspirada

Consoantes adicionais

क़	क़लम	[q]	teckel
ख़	ख़बर	[h]	[h] aspirada
ड़	लड़का	[r]	riscar
ढ़	पढ़ना	[r]	riscar
ग़	ग़लती	[ɣ]	agora
ज़	ज़िन्दगी	[z]	sésamo
झ़	ट्रेझ़र	[ʒ]	talvez
फ़	फ़ौज	[f]	safári

ABREVIATURAS
usadas no vocabulário

Abreviaturas do Português

adj	-	adjetivo
adv	-	advérbio
anim.	-	animado
conj.	-	conjunção
desp.	-	desporto
etc.	-	etecetra
ex.	-	por exemplo
f	-	nome feminino
f pl	-	feminino plural
fem.	-	feminino
inanim.	-	inanimado
m	-	nome masculino
m pl	-	masculino plural
m, f	-	masculino, feminino
masc.	-	masculino
mat.	-	matemática
mil.	-	militar
pl	-	plural
prep.	-	preposição
pron.	-	pronome
sb.	-	sobre
sing.	-	singular
v aux	-	verbo auxiliar
vi	-	verbo intransitivo
vi, vt	-	verbo intransitivo, transitivo
vr	-	verbo reflexivo
vt	-	verbo transitivo

Abreviaturas do Hindi

f	-	nome feminino
f pl	-	feminino plural
m	-	nome masculino
m pl	-	masculino plural

CONCEITOS BÁSICOS

1. Pronomes

eu	मैं	main
tu	तुम	tum
ele, ela	वह	vah
nós	हम	ham
vocês	आप	āp
eles, elas	वे	ve

2. Cumprimentos. Saudações

Olá!	नमस्कार!	namaskār!
Bom dia! (formal)	नमस्ते!	namaste!
Bom dia! (de manhã)	नमस्ते!	namaste!
Boa tarde!	नमस्ते!	namaste!
Boa noite!	नमस्ते!	namaste!
cumprimentar (vt)	नमस्कार कहना	namaskār kahana
Olá!	नमस्कार!	namaskār!
saudação (f)	अभिवादन (m)	abhivādan
saudar (vt)	अभिवादन करना	abhivādan karana
Como vai?	आप कैसे हैं?	āp kaise hain?
O que há de novo?	क्या हाल है?	kya hāl hai?
Até à vista!	अलविदा!	alavida!
Até breve!	फिर मिलेंगे!	fir milenge!
Adeus! (sing.)	अलविदा!	alivada!
Adeus! (pl)	अलविदा!	alavida!
despedir-se (vr)	अलविदा कहना	alavida kahana
Até logo!	अलविदा!	alavida!
Obrigado! -a!	धन्यवाद!	dhanyavād!
Muito obrigado! -a!	बहुत बहुत शुक्रिया!	bahut bahut shukriya!
De nada	कोई बात नहीं	koī bāt nahin
Não tem de quê	कोई बात नहीं	koī bāt nahin
De nada	कोई बात नहीं	koī bāt nahin
Desculpa!	माफ़ कीजिएगा!	māf kījiega!
Desculpe!	माफ़ी कीजियेगा!	māfī kījiyega!
desculpar (vt)	माफ़ करना	māf karana
desculpar-se (vr)	माफ़ी मांगना	māfī māngana
As minhas desculpas	मुझे माफ़ कीजिएगा	mujhe māf kījiega
Desculpe!	मुझे माफ़ कीजिएगा!	mujhe māf kījiega!
perdoar (vt)	माफ़ करना	māf karana

por favor	कृप्या	krpya
Não se esqueça!	भूलना नहीं!	bhūlana nahin!
Certamente! Claro!	ज़रूर!	zarūr!
Claro que não!	बिल्कुल नहीं!	bilkul nahin!
Está bem! De acordo!	ठीक है!	thīk hai!
Basta!	बहुत हुआ!	bahut hua!

3. Questões

Quem?	कौन?	kaun?
Que?	क्या?	kya?
Onde?	कहाँ?	kahān?
Para onde?	किधर?	kidhar?
De onde?	कहाँ से?	kahān se?
Quando?	कब?	kab?
Para quê?	क्यों?	kyon?
Porquê?	क्यों?	kyon?
Para quê?	किस लिये?	kis liye?
Como?	कैसे?	kaise?
Qual?	कौन-सा?	kaun-sa?
Qual? (entre dois ou mais)	कौन-सा?	kaun-sa?
A quem?	किसको?	kisako?
Sobre quem?	किसके बारे में?	kisake bāre men?
Do quê?	किसके बारे में?	kisake bāre men?
Com quem?	किसके?	kisake?
Quanto, -os, -as?	कितना?	kitana?
De quem? (masc.)	किसका?	kisaka?

4. Preposições

com (prep.)	के साथ	ke sāth
sem (prep.)	के बिना	ke bina
a, para (exprime lugar)	की तरफ़	kī taraf
sobre (ex. falar ~)	के बारे में	ke bāre men
antes de ...	के पहले	ke pahale
diante de ...	के सामने	ke sāmane
sob (debaixo de)	के नीचे	ke nīche
sobre (em cima de)	के ऊपर	ke ūpar
sobre (~ a mesa)	पर	par
de (vir ~ Lisboa)	से	se
de (feito ~ pedra)	से	se
dentro de (~ dez minutos)	में	men
por cima de ...	के ऊपर चढ़कर	ke ūpar charhakar

5. Palavras funcionais. Advérbios. Parte 1

Onde?	कहाँ?	kahãn?
aqui	यहाँ	yahãn
lá, ali	वहां	vahãn
em algum lugar	कहीं	kahīn
em lugar nenhum	कहीं नहीं	kahīn nahin
ao pé de ...	के पास	ke pās
ao pé da janela	खिड़की के पास	khirakī ke pās
Para onde?	किधर?	kidhar?
para cá	इधर	idhar
para lá	उधर	udhar
daqui	यहां से	yahãn se
de lá, dali	वहां से	vahãn se
perto	पास	pās
longe	दूर	dūr
perto de ...	निकट	nikat
ao lado de	पास	pās
perto, não fica longe	दूर नहीं	dūr nahin
esquerdo	बायाँ	bāyãn
à esquerda	बायीं तरफ़	bāyīn taraf
para esquerda	बायीं तरफ़	bāyīn taraf
direito	दायां	dāyãn
à direita	दायीं तरफ़	dāyīn taraf
para direita	दायीं तरफ़	dāyīn taraf
à frente	सामने	sāmane
da frente	सामने का	sāmane ka
em frente (para a frente)	आगे	āge
atrás de ...	पीछे	pīchhe
por detrás (vir ~)	पीछे से	pīchhe se
para trás	पीछे	pīchhe
meio (m), metade (f)	बीच (m)	bīch
no meio	बीच में	bīch men
de lado	कोने में	kone men
em todo lugar	सभी	sabhī
ao redor (olhar ~)	आस-पास	ās-pās
de dentro	अंदर से	andar se
para algum lugar	कहीं	kahīn
diretamente	सीधे	sīdhe
de volta	वापस	vāpas
de algum lugar	कहीं से भी	kahīn se bhī
de um lugar	कहीं से	kahīn se

em primeiro lugar	पहले	pahale
em segundo lugar	दूसरा	dūsara
em terceiro lugar	तीसरा	tīsara
de repente	अचानक	achānak
no início	शुरू में	shurū men
pela primeira vez	पहली बार	pahalī bār
muito antes de …	बहुत समय पहले …	bahut samay pahale …
de novo, novamente	नई शुरूआत	naī shurūāt
para sempre	हमेशा के लिए	hamesha ke lie
nunca	कभी नहीं	kabhī nahin
de novo	फिर से	fir se
agora	अब	ab
frequentemente	अकसर	akasar
então	तब	tab
urgentemente	तत्काल	tatkāl
usualmente	आमतौर पर	āmataur par
a propósito, …	प्रसंगवश	prasangavash
é possível	मुमकिन	mumakin
provavelmente	संभव	sambhav
talvez	शायद	shāyad
além disso, …	इस के अलावा	is ke alāva
por isso …	इस लिए	is lie
apesar de …	फिर भी …	fir bhī …
graças a …	… की मेहरबानी से	… kī meharabānī se
que (pron.)	क्या	kya
que (conj.)	कि	ki
algo	कुछ	kuchh
alguma coisa	कुछ भी	kuchh bhī
nada	कुछ नहीं	kuchh nahin
quem	कौन	kaun
alguém (~ teve uma ideia …)	कोई	koī
alguém	कोई	koī
ninguém	कोई नहीं	koī nahin
para lugar nenhum	कहीं नहीं	kahīn nahin
de ninguém	किसी का नहीं	kisī ka nahin
de alguém	किसी का	kisī ka
tão	कितना	kitana
também (gostaria ~ de …)	भी	bhī
também (~ eu)	भी	bhī

6. Palavras funcionais. Advérbios. Parte 2

Porquê?	क्यों?	kyon?
por alguma razão	किसी कारणवश	kisī kāranavash
porque …	क्यों कि …	kyon ki …
por qualquer razão	किसी वजह से	kisī vajah se
e (tu ~ eu)	और	aur

ou (ser ~ não ser)	या	ya
mas (porém)	लेकिन	lekin
para (~ a minha mãe)	के लिए	ke lie
demasiado, muito	ज़्यादा	zyāda
só, somente	सिर्फ़	sirf
exatamente	ठीक	thīk
cerca de (~ 10 kg)	करीब	karīb
aproximadamente	लगभग	lagabhag
aproximado	अनुमानित	anumānit
quase	करीब	karīb
resto (m)	बाक़ी	bāqī
cada	हर एक	har ek
qualquer	कोई	koī
muito	बहुत	bahut
muitas pessoas	बहुत लोग	bahut log
todos	सभी	sabhī
em troca de ...	... के बदले में	... ke badale men
em troca	की जगह	kī jagah
à mão	हाथ से	hāth se
pouco provável	शायद ही	shāyad hī
provavelmente	शायद	shāyad
de propósito	जानबूझकर	jānabūjhakar
por acidente	संयोगवश	sanyogavash
muito	बहुत	bahut
por exemplo	उदाहरण के लिए	udāharan ke lie
entre	के बीच	ke bīch
entre (no meio de)	में	men
tanto	इतना	itana
especialmente	ख़ासतौर पर	khāsataur par

NÚMEROS. DIVERSOS

7. Números cardinais. Parte 1

zero	ज़ीरो	zīro
um	एक	ek
dois	दो	do
três	तीन	tīn
quatro	चार	chār
cinco	पाँच	pānch
seis	छह	chhah
sete	सात	sāt
oito	आठ	āth
nove	नौ	nau
dez	दस	das
onze	ग्यारह	gyārah
doze	बारह	bārah
treze	तेरह	terah
catorze	चौदह	chaudah
quinze	पन्द्रह	pandrah
dezasseis	सोलह	solah
dezassete	सत्रह	satrah
dezoito	अठारह	athārah
dezanove	उन्नीस	unnīs
vinte	बीस	bīs
vinte e um	इक्कीस	ikkīs
vinte e dois	बाईस	baīs
vinte e três	तेईस	teīs
trinta	तीस	tīs
trinta e um	इकत्तीस	ikattīs
trinta e dois	बत्तीस	battīs
trinta e três	तैंतीस	taintīs
quarenta	चालीस	chālīs
quarenta e um	इक्तालीस	iktālīs
quarenta e dois	बयालीस	bayālīs
quarenta e três	तैंतालीस	taintālīs
cinquenta	पचास	pachās
cinquenta e um	इक्यावन	ikyāvan
cinquenta e dois	बावन	bāvan
cinquenta e três	तिरपन	tirapan
sessenta	साठ	sāth
sessenta e um	इकसठ	ikasath

sessenta e dois	बासठ	bāsath
sessenta e três	तिरसठ	tirasath
setenta	सत्तर	sattar
setenta e um	इकहत्तर	ikahattar
setenta e dois	बहत्तर	bahattar
setenta e três	तिहत्तर	tihattar
oitenta	अस्सी	assī
oitenta e um	इक्यासी	ikyāsī
oitenta e dois	बयासी	bayāsī
oitenta e três	तिरासी	tirāsī
noventa	नब्बे	nabbe
noventa e um	इक्यानवे	ikyānave
noventa e dois	बानवे	bānave
noventa e três	तिरानवे	tirānave

8. Números cardinais. Parte 2

cem	सौ	sau
duzentos	दो सौ	do sau
trezentos	तीन सौ	tīn sau
quatrocentos	चार सौ	chār sau
quinhentos	पाँच सौ	pānch sau
seiscentos	छह सौ	chhah sau
setecentos	सात सो	sāt so
oitocentos	आठ सौ	āth sau
novecentos	नौ सौ	nau sau
mil	एक हज़ार	ek hazār
dois mil	दो हज़ार	do hazār
De quem são ...?	तीन हज़ार	tīn hazār
dez mil	दस हज़ार	das hazār
cem mil	एक लाख	ek lākh
um milhão	दस लाख (m)	das lākh
mil milhões	अरब (m)	arab

9. Números ordinais

primeiro	पहला	pahala
segundo	दूसरा	dūsara
terceiro	तीसरा	tīsara
quarto	चौथा	chautha
quinto	पाँचवाँ	pānchavān
sexto	छठा	chhatha
sétimo	सातवाँ	sātavān
oitavo	आठवाँ	āthavān
nono	नौवाँ	nauvān
décimo	दसवाँ	dasavān

CORES. UNIDADES DE MEDIDA

10. Cores

cor (f)	रंग (m)	rang
matiz (m)	रंग (m)	rang
tom (m)	रंग (m)	rang
arco-íris (m)	इन्द्रधनुष (f)	indradhanush
branco	सफ़ेद	safed
preto	काला	kāla
cinzento	धूसर	dhūsar
verde	हरा	hara
amarelo	पीला	pīla
vermelho	लाल	lāl
azul	नीला	nīla
azul claro	हल्का नीला	halka nīla
rosa	गुलाबी	gulābī
laranja	नारंगी	nārangī
violeta	बैंगनी	bainganī
castanho	भूरा	bhūra
dourado	सुनहरा	sunahara
prateado	चांदी-जैसा	chāndī-jaisa
bege	हल्का भूरा	halka bhūra
creme	क्रीम	krīm
turquesa	फ़ीरोज़ी	fīrozī
vermelho cereja	चेरी जैसा लाल	cherī jaisa lāl
lilás	हल्का बैंगनी	halka bainganī
carmesim	गहरा लाल	gahara lāl
claro	हल्का	halka
escuro	गहरा	gahara
vivo	चमकीला	chamakīla
de cor	रंगीन	rangīn
a cores	रंगीन	rangīn
preto e branco	काला-सफ़ेद	kāla-safed
unicolor	एक रंग का	ek rang ka
multicor	बहुरंगी	bahurangī

11. Unidades de medida

peso (m)	वज़न (m)	vazan
comprimento (m)	लम्बाई (f)	lambaī

largura (f)	चौड़ाई (f)	chauraī
altura (f)	ऊंचाई (f)	ūnchaī
profundidade (f)	गहराई (f)	gaharaī
volume (m)	घनत्व (f)	ghanatv
área (f)	क्षेत्रफल (m)	kshetrafal
grama (m)	ग्राम (m)	grām
miligrama (m)	मिलीग्राम (m)	milīgrām
quilograma (m)	किलोग्राम (m)	kilogrām
tonelada (f)	टन (m)	tan
libra (453,6 gramas)	पौण्ड (m)	paund
onça (f)	औन्स (m)	auns
metro (m)	मीटर (m)	mītar
milímetro (m)	मिलीमीटर (m)	milīmītar
centímetro (m)	सेंटीमीटर (m)	sentīmītar
quilómetro (m)	किलोमीटर (m)	kilomītar
milha (f)	मील (m)	mīl
polegada (f)	इंच (m)	inch
pé (304,74 mm)	फुट (m)	fut
jarda (914,383 mm)	गज (m)	gaj
metro (m) quadrado	वर्ग मीटर (m)	varg mītar
hectare (m)	हेक्टेयर (m)	hekteyar
litro (m)	लीटर (m)	lītar
grau (m)	डिग्री (m)	digrī
volt (m)	वोल्ट (m)	volt
ampere (m)	ऐम्पेयर (m)	aimpeyar
cavalo-vapor (m)	अश्व शक्ति (f)	ashv shakti
quantidade (f)	मात्रा (f)	mātra
um pouco de ...	कुछ ...	kuchh ...
metade (f)	आधा (m)	ādha
dúzia (f)	दर्जन (m)	darjan
peça (f)	टुकड़ा (m)	tukara
dimensão (f)	माप (m)	māp
escala (f)	पैमाना (m)	paimāna
mínimo	न्यूनतम	nyūnatam
menor, mais pequeno	सब से छोटा	sab se chhota
médio	मध्य	madhy
máximo	अधिकतम	adhikatam
maior, mais grande	सबसे बड़ा	sabase bara

12. Recipientes

boião (m) de vidro	शीशी (f)	shīshī
lata (~ de cerveja)	डिब्बा (m)	dibba
balde (m)	बाल्टी (f)	bāltī
barril (m)	पीपा (m)	pīpa
bacia (~ de plástico)	चिलमची (f)	chilamachī

tanque (m)	कुण्ड (m)	kund
cantil (m) de bolso	फ्लास्क (m)	flāsk
bidão (m) de gasolina	जेरिकैन (m)	jerikain
cisterna (f)	टंकी (f)	tankī
caneca (f)	मग (m)	mag
chávena (f)	प्याली (f)	pyālī
pires (m)	सॉसर (m)	sosar
copo (m)	गिलास (m)	gilās
taça (f) de vinho	वाइन गिलास (m)	vain gilās
panela, caçarola (f)	सॉसपैन (m)	sosapain
garrafa (f)	बोतल (f)	botal
gargalo (m)	गला (m)	gala
jarro, garrafa (f)	जग (m)	jag
jarro (m) de barro	सुराही (f)	surāhī
recipiente (m)	बरतन (m)	baratan
pote (m)	घड़ा (m)	ghara
vaso (m)	फूलदान (m)	fūladān
frasco (~ de perfume)	शीशी (f)	shīshī
frasquinho (ex. ~ de iodo)	शीशी (f)	shīshī
tubo (~ de pasta dentífrica)	ट्यूब (m)	tyūb
saca (ex. ~ de açúcar)	थैला (m)	thaila
saco (~ de plástico)	थैली (f)	thailī
maço (m)	पैकेट (f)	paiket
caixa (~ de sapatos, etc.)	डिब्बा (m)	dibba
caixa (~ de madeira)	डिब्बा (m)	dibba
cesta (f)	टोकरी (f)	tokarī

VERBOS PRINCIPAIS

13. Os verbos mais importantes. Parte 1

abrir (vt)	खोलना	kholana
acabar, terminar (vt)	ख़त्म करना	khatm karana
aconselhar (vt)	सलाह देना	salāh dena
adivinhar (vt)	अंदाज़ा लगाना	andāza lagāna
advertir (vt)	चेतावनी देना	chetāvanī dena
ajudar (vt)	मदद करना	madad karana
almoçar (vi)	दोपहर का भोजन करना	dopahar ka bhojan karana
alugar (~ um apartamento)	किराए पर लेना	kirae par lena
amar (vt)	प्यार करना	pyār karana
ameaçar (vt)	धमकाना	dhamakāna
anotar (escrever)	लिख लेना	likh lena
apanhar (vt)	पकड़ना	pakarana
apressar-se (vr)	जल्दी करना	jaldī karana
arrepender-se (vr)	अफ़सोस जताना	afasos jatāna
assinar (vt)	हस्ताक्षर करना	hastākshar karana
atirar, disparar (vi)	गोली चलाना	golī chalāna
brincar (vi)	मज़ाक करना	mazāk karana
brincar, jogar (crianças)	खेलना	khelana
buscar (vt)	तलाश करना	talāsh karana
caçar (vi)	शिकार करना	shikār karana
cair (vi)	गिरना	girana
cavar (vt)	खोदना	khodana
cessar (vt)	बंद करना	band karana
chamar (~ por socorro)	बुलाना	bulāna
chegar (vi)	पहुँचना	pahunchana
chorar (vi)	रोना	rona
começar (vt)	शुरू करना	shurū karana
comparar (vt)	तुलना करना	tulana karana
compreender (vt)	समझना	samajhana
concordar (vi)	राज़ी होना	rāzī hona
confiar (vt)	यकीन करना	yakīn karana
confundir (equivocar-se)	गड़बड़ा जाना	garabara jāna
conhecer (vt)	जानना	jānana
contar (fazer contas)	गिनना	ginana
contar com (esperar)	भरोसा रखना	bharosa rakhana
continuar (vt)	जारी रखना	jārī rakhana
controlar (vt)	नियंत्रित करना	niyantrit karana
convidar (vt)	आमंत्रित करना	āmantrit karana
correr (vi)	दौड़ना	daurana

| criar (vt) | बनाना | banāna |
| custar (vt) | दाम होना | dām hona |

14. Os verbos mais importantes. Parte 2

dar (vt)	देना	dena
dar uma dica	इशारा करना	ishāra karana
decorar (enfeitar)	सजाना	sajāna
defender (vt)	रक्षा करना	raksha karana
deixar cair (vt)	गिराना	girāna

descer (para baixo)	उतरना	utarana
desculpar-se (vr)	माफ़ी मांगना	māfī māngana
dirigir (~ uma empresa)	प्रबंधन करना	prabandhan karana
discutir (notícias, etc.)	चर्चा करना	charcha karana
dizer (vt)	कहना	kahana

duvidar (vt)	शक करना	shak karana
encontrar (achar)	ढूंढना	dhūrhana
enganar (vt)	धोखा देना	dhokha dena
entrar (na sala, etc.)	अंदर आना	andar āna
enviar (uma carta)	भेजना	bhejana

errar (equivocar-se)	गलती करना	galatī karana
escolher (vt)	चुनना	chunana
esconder (vt)	छिपाना	chhipāna
escrever (vt)	लिखना	likhana
esperar (o autocarro, etc.)	इंतज़ार करना	intazār karana

esperar (ter esperança)	आशा करना	āsha karana
esquecer (vt)	भूलना	bhūlana
estudar (vt)	पढ़ाई करना	parhaī karana
exigir (vt)	मांगना	māngana
existir (vi)	होना	hona

explicar (vt)	समझाना	samajhāna
falar (vi)	बोलना	bolana
faltar (clases, etc.)	ग़ैर-हाज़िर होना	gair-hāzir hona

| fazer (vt) | करना | karana |
| gabar-se, jactar-se (vr) | डींग मारना | dīng mārana |

gostar (apreciar)	पसंद करना	pasand karana
gritar (vi)	चिल्लाना	chillāna
guardar (cartas, etc.)	रखना	rakhana

| informar (vt) | खबर देना | khabar dena |
| insistir (vi) | आग्रह करना | āgrah karana |

insultar (vt)	अपमान करना	apamān karana
interessar-se (vr)	रुचि लेना	ruchi lena
ir (a pé)	जाना	jāna
ir nadar	तैरना	tairana
jantar (vi)	रात्रिभोज करना	rātribhoj karana

15. Os verbos mais importantes. Parte 3

ler (vt)	पढ़ना	parhana
libertar (cidade, etc.)	आज़ाद करना	āzād karana
matar (vt)	मार डालना	mār dālana
mencionar (vt)	उल्लेख करना	ullekh karana
mostrar (vt)	दिखाना	dikhāna
mudar (modificar)	बदलना	badalana
nadar (vi)	तैरना	tairana
negar-se a ...	इन्कार करना	inkār karana
objetar (vt)	एतराज़ करना	etarāz karana
observar (vt)	देखना	dekhana
ordenar (mil.)	हुक्म देना	hukm dena
ouvir (vt)	सुनना	sunana
pagar (vt)	दाम चुकाना	dām chukāna
parar (vi)	रुकना	rukana
participar (vi)	भाग लेना	bhāg lena
pedir (comida)	ऑर्डर करना	ordar karana
pedir (um favor, etc.)	माँगना	māngana
pegar (tomar)	लेना	lena
pensar (vt)	सोचना	sochana
perceber (ver)	देखना	dekhana
perdoar (vt)	क्षमा करना	kshama karana
perguntar (vt)	पूछना	pūchhana
permitir (vt)	अनुमति देना	anumati dena
pertencer a ...	स्वामी होना	svāmī hona
planear (vt)	योजना बनाना	yojana banāna
poder (vi)	सकना	sakana
possuir (vt)	मालिक होना	mālik hona
preferir (vt)	तरजीह देना	tarajīh dena
preparar (vt)	खाना बनाना	khāna banāna
prever (vt)	उम्मीद करना	ummīd karana
prometer (vt)	वचन देना	vachan dena
pronunciar (vt)	उच्चारण करना	uchchāran karana
propor (vt)	प्रस्ताव रखना	prastāv rakhana
punir (castigar)	सज़ा देना	saza dena

16. Os verbos mais importantes. Parte 4

quebrar (vt)	तोड़ना	torana
queixar-se (vr)	शिकायत करना	shikāyat karana
querer (desejar)	चाहना	chāhana
recomendar (vt)	सिफ़ारिश करना	sifārish karana
repetir (dizer outra vez)	दोहराना	doharāna
repreender (vt)	डाँटना	dāntana
reservar (~ um quarto)	बुक करना	buk karana

| responder (vt) | जवाब देना | javāb dena |
| rir (vi) | हंसना | hansana |

roubar (vt)	चुराना	churāna
saber (vt)	मालूम होना	mālūm hona
sair (~ de casa)	बाहर जाना	bāhar jāna
salvar (vt)	बचाना	bachāna
seguir ...	पीछे चलना	pīchhe chalana

sentar-se (vr)	बैठना	baithana
ser necessário	आवश्यक होना	āvashyak hona
ser, estar	होना	hona
significar (vt)	अर्थ होना	arth hona

sorrir (vi)	मुस्कुराना	muskurāna
subestimar (vt)	कम मूल्यांकन करना	kam mūlyānkan karana
surpreender-se (vr)	हैरान होना	hairān hona
tentar (vt)	कोशिश करना	koshish karana

ter (vt)	होना	hona
ter fome	भूख लगना	bhūkh lagana
ter medo	डरना	darana
ter sede	प्यास लगना	pyās lagana

tocar (com as mãos)	छूना	chhūna
tomar o pequeno-almoço	नाश्ता करना	nāshta karana
trabalhar (vi)	काम करना	kām karana
traduzir (vt)	अनुवाद करना	anuvād karana
unir (vt)	संयुक्त करना	sanyukt karana

vender (vt)	बेचना	bechana
ver (vt)	देखना	dekhana
virar (ex. ~ à direita)	मुड़ जाना	mur jāna
voar (vi)	उड़ना	urana

TEMPO. CALENDÁRIO

17. Dias da semana

segunda-feira (f)	सोमवार (m)	somavār
terça-feira (f)	मंगलवार (m)	mangalavār
quarta-feira (f)	बुधवार (m)	budhavār
quinta-feira (f)	गुरूवार (m)	gurūvār
sexta-feira (f)	शुक्रवार (m)	shukravār
sábado (m)	शनिवार (m)	shanivār
domingo (m)	रविवार (m)	ravivār
hoje	आज	āj
amanhã	कल	kal
depois de amanhã	परसों	parason
ontem	कल	kal
anteontem	परसों	parason
dia (m)	दिन (m)	din
dia (m) de trabalho	कार्यदिवस (m)	kāryadivas
feriado (m)	सार्वजनिक छुट्टी (f)	sārvajanik chhuttī
dia (m) de folga	छुट्टी का दिन (m)	chhuttī ka din
fim (m) de semana	संसाहात (m)	saptāhānt
o dia todo	सारा दिन	sāra din
no dia seguinte	अगला दिन	agala din
há dois dias	दो दिन पहले	do din pahale
na véspera	एक दिन पहले	ek din pahale
diário	दैनिक	dainik
todos os dias	हर दिन	har din
semana (f)	हफ़्ता (f)	hafata
na semana passada	पिछले हफ़्ते	pichhale hafate
na próxima semana	अगले हफ़्ते	agale hafate
semanal	ससाहिक	saptāhik
cada semana	हर हफ़्ते	har hafate
duas vezes por semana	हफ़्ते में दो बार	hafate men do bār
cada terça-feira	हर मंगलवार को	har mangalavār ko

18. Horas. Dia e noite

manhã (f)	सुबह (m)	subah
de manhã	सुबह में	subah men
meio-dia (m)	दोपहर (m)	dopahar
à tarde	दोपहर में	dopahar men
noite (f)	शाम (m)	shām
à noite (noitinha)	शाम में	shām men

noite (f)	रात (f)	rāt
à noite	रात में	rāt men
meia-noite (f)	आधी रात (f)	ādhī rāt
segundo (m)	सेकन्ड (m)	sekand
minuto (m)	मिनट (m)	minat
hora (f)	घंटा (m)	ghanta
meia hora (f)	आधा घंटा	ādha ghanta
quarto (m) de hora	सवा	sava
quinze minutos	पंद्रह मीनट	pandrah mīnat
vinte e quatro horas	24 घंटे (m)	chaubīs ghante
nascer (m) do sol	सूर्योदय (m)	sūryoday
amanhecer (m)	सूर्योदय (m)	sūryoday
madrugada (f)	प्रातःकाल (m)	prātahkāl
pôr do sol (m)	सूर्यास्त (m)	sūryāst
de madrugada	सुबह-सवेरे	subah-savere
hoje de manhã	इस सुबह	is subah
amanhã de manhã	कल सुबह	kal subah
hoje à tarde	आज शाम	āj shām
à tarde	दोपहर में	dopahar men
amanhã à tarde	कल दोपहर	kal dopahar
hoje à noite	आज शाम	āj shām
amanhã à noite	कल रात	kal rāt
às três horas em ponto	ठीक तीन बजे में	thīk tīn baje men
por volta das quatro	लगभग चार बजे	lagabhag chār baje
às doze	बारह बजे तक	bārah baje tak
dentro de vinte minutos	बीस मीनट में	bīs mīnat men
dentro duma hora	एक घंटे में	ek ghante men
a tempo	ठीक समय पर	thīk samay par
menos um quarto	पौने ... बजे	paune ... baje
durante uma hora	एक घंटे के अंदर	ek ghante ke andar
a cada quinze minutos	हर पंद्रह मीनट	har pandrah mīnat
as vinte e quatro horas	दिन-रात (m pl)	din-rāt

19. Meses. Estações

janeiro (m)	जनवरी (m)	janavarī
fevereiro (m)	फ़रवरी (m)	faravarī
março (m)	मार्च (m)	mārch
abril (m)	अप्रैल (m)	aprail
maio (m)	माई (m)	maī
junho (m)	जून (m)	jūn
julho (m)	जुलाई (m)	julaī
agosto (m)	अगस्त (m)	agast
setembro (m)	सितम्बर (m)	sitambar
outubro (m)	अक्तूबर (m)	aktūbar

novembro (m)	नवम्बर (m)	navambar
dezembro (m)	दिसम्बर (m)	disambar
primavera (f)	वसन्त (m)	vasant
na primavera	वसन्त में	vasant men
primaveril	वसन्त	vasant
verão (m)	गरमी (f)	garamī
no verão	गरमियों में	garamiyon men
de verão	गरमी	garamī
outono (m)	शरद (m)	sharad
no outono	शरद में	sharad men
outonal	शरद	sharad
inverno (m)	सर्दी (f)	sardī
no inverno	सर्दियों में	sardiyon men
de inverno	सर्दी	sardī
mês (m)	महीना (m)	mahīna
este mês	इस महीने	is mahīne
no próximo mês	अगले महीने	agale mahīne
no mês passado	पिछले महीने	pichhale mahīne
há um mês	एक महीने पहले	ek mahīne pahale
dentro de um mês	एक महीने में	ek mahīne men
dentro de dois meses	दो महीने में	do mahīne men
todo o mês	पूरे महीने	pūre mahīne
um mês inteiro	पूरे महीने	pūre mahīne
mensal	मासिक	māsik
mensalmente	हर महीने	har mahīne
cada mês	हर महीने	har mahīne
duas vezes por mês	महीने में दो बार	mahine men do bār
ano (m)	वर्ष (m)	varsh
este ano	इस साल	is sāl
no próximo ano	अगले साल	agale sāl
no ano passado	पिछले साल	pichhale sāl
há um ano	एक साल पहले	ek sāl pahale
dentro dum ano	एक साल में	ek sāl men
dentro de 2 anos	दो साल में	do sāl men
todo o ano	पूरा साल	pūra sāl
um ano inteiro	पूरा साल	pūra sāl
cada ano	हर साल	har sāl
anual	वार्षिक	vārshik
anualmente	वार्षिक	vārshik
quatro vezes por ano	साल में चार बार	sāl men chār bār
data (~ de hoje)	तारीख़ (f)	tārīkh
data (ex. ~ de nascimento)	तारीख़ (f)	tārīkh
calendário (m)	कैलेन्डर (m)	kailendar
meio ano	आधे वर्ष (m)	ādhe varsh
seis meses	छमाही (f)	chhamāhī

estação (f)	मौसम (m)	mausam
século (m)	शताब्दी (f)	shatābadī

VIAGENS. HOTEL

20. Viagens

turismo (m)	पर्यटन (m)	paryatan
turista (m)	पर्यटक (m)	paryatak
viagem (f)	यात्रा (f)	yātra
aventura (f)	जाँबाज़ी (f)	jānbāzī
viagem (f)	यात्रा (f)	yātra
férias (f pl)	छुट्टी (f)	chhuttī
estar de férias	छुट्टी पर होना	chhuttī par hona
descanso (m)	आराम (m)	ārām
comboio (m)	रेलगाड़ी, ट्रेन (f)	relagārī, tren
de comboio (chegar ~)	रैलगाड़ी से	railagārī se
avião (m)	विमान (m)	vimān
de avião	विमान से	vimān se
de carro	कार से	kār se
de navio	जहाज़ पर	jahāz par
bagagem (f)	सामान (m)	sāmān
mala (f)	सूटकेस (m)	sūtakes
carrinho (m)	सामान के लिये गाड़ी (f)	sāmān ke liye gārī
passaporte (m)	पासपोर्ट (m)	pāsaport
visto (m)	वीज़ा (m)	vīza
bilhete (m)	टिकट (m)	tikat
bilhete (m) de avião	हवाई टिकट (m)	havaī tikat
guia (m) de viagem	गाइडबुक (f)	gaidabuk
mapa (m)	नक्शा (m)	naksha
local (m), area (f)	क्षेत्र (m)	kshetr
lugar, sítio (m)	स्थान (m)	sthān
exotismo (m)	विचित्र वस्तुएं	vichitr vastuen
exótico	विचित्र	vichitr
surpreendente	अजीब	ajīb
grupo (m)	समूह (m)	samūh
excursão (f)	पर्यटन (f)	paryatan
guia (m)	गाइड (m)	gaid

21. Hotel

hotel (m)	होटल (f)	hotal
motel (m)	मोटल (m)	motal
três estrelas	तीन सितारा	tīn sitāra

| cinco estrelas | पाँच सितारा | pānch sitāra |
| ficar (~ num hotel) | ठहरना | thaharana |

quarto (m)	कमरा (m)	kamara
quarto (m) individual	एक पलंग का कमरा (m)	ek palang ka kamara
quarto (m) duplo	दो पलंगों का कमरा (m)	do palangon ka kamara
reservar um quarto	कमरा बुक करना	kamara buk karana

| meia pensão (f) | हाफ़-बोर्ड (m) | hāf-bord |
| pensão (f) completa | फुल-बोर्ड (m) | ful-bord |

com banheira	स्नानघर के साथ	snānaghar ke sāth
com duche	शॉवर के साथ	shovar ke sāth
televisão (m) satélite	सैटेलाइट टेलीविज़न (m)	saitelait telīvizan
ar (m) condicionado	एयर-कंडिशनर (m)	eyar-kandishanar
toalha (f)	तौलिया (f)	tauliya
chave (f)	चाबी (f)	chābī

administrador (m)	मैनेजर (m)	mainejar
camareira (f)	चैमबरमैड (f)	chaimabaramaid
bagageiro (m)	कुली (m)	kulī
porteiro (m)	दरबान (m)	darabān

restaurante (m)	रेस्टराँ (m)	restarān
bar (m)	बार (m)	bār
pequeno-almoço (m)	नाश्ता (m)	nāshta
jantar (m)	रात्रिभोज (m)	rātribhoj
buffet (m)	बुफे (m)	bufe

| hall (m) de entrada | लॉबी (f) | lobī |
| elevador (m) | लिफ्ट (m) | lift |

| NÃO PERTURBE | परेशान न करें | pareshān na karen |
| PROIBIDO FUMAR! | धुम्रपान निषेध! | dhumrapān nishedh! |

22. Turismo

monumento (m)	स्मारक (m)	smārak
fortaleza (f)	किला (m)	kila
palácio (m)	भवन (m)	bhavan
castelo (m)	महल (m)	mahal
torre (f)	मीनार (m)	mīnār
mausoléu (m)	समाधि (f)	samādhi

arquitetura (f)	वस्तुशाला (m)	vastushāla
medieval	मध्ययुगीय	madhayayugīy
antigo	प्राचीन	prāchīn
nacional	राष्ट्रीय	rāshtrīy
conhecido	मशहूर	mashhūr

turista (m)	पर्यटक (m)	paryatak
guia (pessoa)	गाइड (m)	gaid
excursão (f)	पर्यटन यात्रा (m)	paryatan yātra
mostrar (vt)	दिखाना	dikhāna

contar (vt)	बताना	batāna
encontrar (vt)	ढूँढना	dhūnrhana
perder-se (vr)	खो जाना	kho jāna
mapa (~ do metrô)	नक्शा (m)	naksha
mapa (~ da cidade)	नक्शा (m)	naksha
lembrança (f), presente (m)	यादगार (m)	yādagār
loja (f) de presentes	गिफ़्ट शॉप (f)	gift shop
fotografar (vt)	फोटो खींचना	foto khīnchana
fotografar-se	अपना फ़ोटो खिंचवाना	apana foto khinchavāna

TRANSPORTES

23. Aeroporto

aeroporto (m)	हवाई अड्डा (m)	havaī adda
avião (m)	विमान (m)	vimān
companhia (f) aérea	हवाई कम्पनी (f)	havaī kampanī
controlador (m) de tráfego aéreo	हवाई यातायात नियंत्रक (m)	havaī yātāyāt niyantrak
partida (f)	प्रस्थान (m)	prasthān
chegada (f)	आगमन (m)	āgaman
chegar (~ de avião)	पहुंचना	pahunchana
hora (f) de partida	उड़ान का समय (m)	urān ka samay
hora (f) de chegada	आगमन का समय (m)	āgaman ka samay
estar atrasado	देर से आना	der se āna
atraso (m) de voo	उड़ान देरी (f)	urān derī
painel (m) de informação	सूचना बोर्ड (m)	sūchana bord
informação (f)	सूचना (f)	sūchana
anunciar (vt)	घोषणा करना	ghoshana karana
voo (m)	फ्लाइट (f)	flait
alfândega (f)	सीमाशुल्क कार्यालय (m)	sīmāshulk kāryālay
funcionário (m) da alfândega	सीमाशुल्क अधिकारी (m)	sīmāshulk adhikārī
declaração (f) alfandegária	सीमाशुल्क घोषणा (f)	sīmāshulk ghoshana
preencher a declaração	सीमाशुल्क घोषणा भरना	sīmāshulk ghoshana bharana
controlo (m) de passaportes	पास्पोर्ट जांच (f)	pāsport jānch
bagagem (f)	सामान (m)	sāmān
bagagem (f) de mão	दस्ती सामान (m)	dastī sāmān
carrinho (m)	सामान के लिये गाड़ी (f)	sāmān ke liye gārī
aterragem (f)	विमानारोहण (m)	vimānārohan
pista (f) de aterragem	विमानारोहण मार्ग (m)	vimānārohan mārg
aterrar (vi)	उतरना	utarana
escada (f) de avião	सीढ़ी (f)	sīrhī
check-in (m)	चेक-इन (m)	chek-in
balcão (m) do check-in	चेक-इन डेस्क (m)	chek-in desk
fazer o check-in	चेक-इन करना	chek-in karana
cartão (m) de embarque	बोर्डिंग पास (m)	bording pās
porta (f) de embarque	प्रस्थान गेट (m)	prasthān get
trânsito (m)	पारवहन (m)	pāravahan
esperar (vi, vt)	इंतज़ार करना	intazār karana
sala (f) de espera	प्रतीक्षालय (m)	pratīkshālay

despedir-se de ...	विदा करना	vida karana
despedir-se (vr)	विदा कहना	vida kahana

24. Avião

avião (m)	विमान (m)	vimān
bilhete (m) de avião	हवाई टिकट (m)	havaī tikat
companhia (f) aérea	हवाई कम्पनी (f)	havaī kampanī
aeroporto (m)	हवाई अड्डा (m)	havaī adda
supersónico	पराध्वनिक	parādhvanik

comandante (m) do avião	कसान (m)	kaptān
tripulação (f)	वैमानिक दल (m)	vaimānik dal
piloto (m)	विमान चालक (m)	vimān chālak
hospedeira (f) de bordo	एयर होस्टस (f)	eyar hostas
copiloto (m)	नैवीगेटर (m)	naivīgetar

asas (f pl)	पंख (m pl)	pankh
cauda (f)	पूँछ (f)	pūnchh
cabine (f) de pilotagem	कॉकपिट (m)	kokapit
motor (m)	इंजन (m)	injan
trem (m) de aterragem	हवाई जहाज़ पहिये (m)	havaī jahāz pahiye
turbina (f)	टरबाइन (f)	tarabain
hélice (f)	प्रोपेलर (m)	propelar
caixa-preta (f)	ब्लैक बॉक्स (m)	blaik boks
coluna (f) de controlo	कंट्रोल कॉलम (m)	kantrol kolam
combustível (m)	ईंधन (m)	īndhan

instruções (f pl) de segurança	सुरक्षा-पत्र (m)	suraksha-patr
máscara (f) de oxigénio	ऑक्सीजन मास्क (m)	oksījan māsk
uniforme (m)	वर्दी (f)	vardī
colete (m) salva-vidas	बचाव पेटी (f)	bachāv petī
paraquedas (m)	पैराशूट (m)	pairāshūt
descolagem (f)	उड़ान (m)	urān
descolar (vi)	उड़ना	urana
pista (f) de descolagem	उड़ान पट्टी (f)	urān pattī

visibilidade (f)	दृश्यता (f)	drshyata
voo (m)	उड़ान (m)	urān
altura (f)	ऊंचाई (f)	ūnchaī
poço (m) de ar	वायु-पॉकेट (m)	vāyu-poket

assento (m)	सीट (f)	sīt
auscultadores (m pl)	हेडफ़ोन (m)	hedafon
mesa (f) rebatível	ट्रे टेबल (f)	tre tebal
vigia (f)	हवाई जहाज़ की खिड़की (f)	havaī jahāz kī khirakī
passagem (f)	गलियारा (m)	galiyāra

25. Comboio

comboio (m)	रेलगाड़ी, ट्रेन (f)	relagārī, tren
comboio (m) suburbano	लोकल ट्रेन (f)	lokal tren

comboio (m) rápido	तेज़ रेलगाड़ी (f)	tez relagārī
locomotiva (f) diesel	डीज़ल रेलगाड़ी (f)	dīzal relagārī
locomotiva (f) a vapor	स्टीम इंजन (f)	stīm injan
carruagem (f)	कोच (f)	koch
carruagem restaurante (f)	डाइनर (f)	dainar
carris (m pl)	पटरियाँ (f)	patariyān
caminho de ferro (m)	रेलवे (f)	relave
travessa (f)	पटरियाँ (f)	patariyān
plataforma (f)	प्लेटफॉर्म (m)	pletaform
linha (f)	प्लेटफॉर्म (m)	pletaform
semáforo (m)	सिग्नल (m)	signal
estação (f)	स्टेशन (m)	steshan
maquinista (m)	इंजन ड्राइवर (m)	injan draivar
bagageiro (m)	कुली (m)	kulī
hospedeiro, -a (da carruagem)	कोच एटेंडेंट (m)	koch etendent
passageiro (m)	मुसाफ़िर (m)	musāfir
revisor (m)	टीटी (m)	tītī
corredor (m)	गलियारा (m)	galiyāra
freio (m) de emergência	आपात ब्रेक (m)	āpāt brek
compartimento (m)	डिब्बा (m)	dibba
cama (f)	बर्थ (f)	barth
cama (f) de cima	ऊपरी बर्थ (f)	ūparī barth
cama (f) de baixo	निचली बर्थ (f)	nīchalī barth
roupa (f) de cama	बिस्तर (m)	bistar
bilhete (m)	टिकट (m)	tikat
horário (m)	टाइम टैबुल (m)	taim taibul
painel (m) de informação	सूचना बोर्ड (m)	sūchana bord
partir (vt)	चले जाना	chale jāna
partida (f)	रवानगी (f)	ravānagī
chegar (vi)	पहुंचना	pahunchana
chegada (f)	आगमन (m)	āgaman
chegar de comboio	गाड़ी से पहुंचना	gārī se pahunchana
apanhar o comboio	गाड़ी पकड़ना	gādī pakarana
sair do comboio	गाड़ी से उतरना	gārī se utarana
acidente (m) ferroviário	दुर्घटनाग्रस्त (f)	durghatanāgrast
locomotiva (f) a vapor	स्टीम इंजन (m)	stīm injan
fogueiro (m)	अग्निशामक (m)	agnishāmak
fornalha (f)	भट्ठी (f)	bhatthī
carvão (m)	कोयला (m)	koyala

26. Barco

navio (m)	जहाज़ (m)	jahāz
embarcação (f)	जहाज़ (m)	jahāz

vapor (m)	जहाज़ (m)	jahāz
navio (m)	मोटर बोट (m)	motar bot
transatlântico (m)	लाइनर (m)	lainar
cruzador (m)	क्रूज़र (m)	krūzar
iate (m)	याख्ट (m)	yākht
rebocador (m)	कर्षक पोत (m)	karshak pot
barcaça (f)	बार्ज (f)	bārj
ferry (m)	फेरी बोट (f)	ferī bot
veleiro (m)	पाल नाव (f)	pāl nāv
bergantim (m)	बादबानी (f)	bādabānī
quebra-gelo (m)	हिमभंजक पोत (m)	himabhanjak pot
submarino (m)	पनडुब्बी (f)	panadubbī
bote, barco (m)	नाव (m)	nāv
bote, dingue (m)	किश्ती (f)	kishtī
bote (m) salva-vidas	जीवन रक्षा किश्ती (f)	jīvan raksha kishtī
lancha (f)	मोटर बोट (m)	motar bot
capitão (m)	कसान (m)	kaptān
marinheiro (m)	मल्लाह (m)	mallāh
marujo (m)	मल्लाह (m)	mallāh
tripulação (f)	वैमानिक दल (m)	vaimānik dal
contramestre (m)	बोसुन (m)	bosun
grumete (m)	बोसुन (m)	bosun
cozinheiro (m) de bordo	रसोईया (m)	rasoiya
médico (m) de bordo	पोत डाक्टर (m)	pot dāktar
convés (m)	डेक (m)	dek
mastro (m)	मस्तूल (m)	mastūl
vela (f)	पाल (m)	pāl
porão (m)	कार्गी (m)	kārgo
proa (f)	जहाज़ का अगड़ा हिस्सा (m)	jahāz ka agara hissa
popa (f)	जहाज़ का पिछला हिस्सा (m)	jahāz ka pichhala hissa
remo (m)	चप्पू (m)	chappū
hélice (f)	जहाज़ की पंखी चलाने का पेंच (m)	jahāz kī pankhī chalāne ka pench
camarote (m)	कैबिन (m)	kaibin
sala (f) dos oficiais	मेस (m)	mes
sala (f) das máquinas	मशीन-कमरा (m)	mashīn-kamara
ponte (m) de comando	ब्रिज (m)	brij
sala (f) de comunicações	रेडियो केबिन (m)	rediyo kebin
onda (f) de rádio	रेडियो तरंग (f)	rediyo tarang
diário (m) de bordo	जहाज़ी रजिस्टर (m)	jahāzī rajistar
luneta (f)	टेलिस्कोप (m)	teliskop
sino (m)	घंटा (m)	ghanta
bandeira (f)	झंडा (m)	jhanda
cabo (m)	रस्सा (m)	rassa
nó (m)	जहाज़ी गांठ (f)	jahāzī gānth

corrimão (m)	रेलिंग (f)	reling
prancha (f) de embarque	सीढ़ी (f)	sīrhī
âncora (f)	लंगर (m)	langar
recolher a âncora	लंगर उठाना	langar uthāna
lançar a âncora	लंगर डालना	langar dālana
amarra (f)	लंगर की ज़जीर (f)	langar kī zajīr
porto (m)	बंदरगाह (m)	bandaragāh
cais, amarradouro (m)	घाट (m)	ghāt
atracar (vi)	किनारे लगना	kināre lagana
desatracar (vi)	रवाना होना	ravāna hona
viagem (f)	यात्रा (f)	yātra
cruzeiro (m)	जलयात्रा (f)	jalayātra
rumo (m), rota (f)	दिशा (f)	disha
itinerário (m)	मार्ग (m)	mārg
canal (m) navegável	नाव्य जलपथ (m)	nāvy jalapath
banco (m) de areia	छिछला पानी (m)	chhichhala pānī
encalhar (vt)	छिछले पानी में धसना	chhichhale pānī men dhansana
tempestade (f)	तूफ़ान (m)	tufān
sinal (m)	सिग्नल (m)	signal
afundar-se (vr)	डूबना	dūbana
SOS	एसओएस	esoes
boia (f) salva-vidas	लाइफ़ ब्वाय (m)	laif bvāy

CIDADE

27. Transportes urbanos

autocarro (m)	बस (f)	bas
elétrico (m)	ट्रैम (m)	traim
troleicarro (m)	ट्रॉलीबस (f)	trolības
itinerário (m)	मार्ग (m)	mārg
número (m)	नम्बर (m)	nambar
ir de ... (carro, etc.)	के माध्यम से जाना	ke mādhyam se jāna
entrar (~ no autocarro)	सवार होना	savār hona
descer de ...	उतरना	utarana
paragem (f)	बस स्टॉप (m)	bas stop
próxima paragem (f)	अगला स्टॉप (m)	agala stop
ponto (m) final	अंतिम स्टेशन (m)	antim steshan
horário (m)	समय सारणी (f)	samay sāranī
esperar (vt)	इंतज़ार करना	intazār karana
bilhete (m)	टिकट (m)	tikat
custo (m) do bilhete	टिकट का किराया (m)	tikat ka kirāya
bilheteiro (m)	कैशियर (m)	kaishiyar
controlo (m) dos bilhetes	टिकट जाँच (f)	tikat jānch
revisor (m)	कंडक्टर (m)	kandaktar
atrasar-se (vr)	देर हो जाना	der ho jāna
perder (o autocarro, etc.)	छूट जाना	chhūt jāna
estar com pressa	जल्दी में रहना	jaldī men rahana
táxi (m)	टैक्सी (m)	taiksī
taxista (m)	टैक्सीवाला (m)	taiksīvāla
de táxi (ir ~)	टैक्सी से (m)	taiksī se
praça (f) de táxis	टैक्सी स्टैंड (m)	taiksī staind
chamar um táxi	टैक्सी बुलाना	taiksī bulāna
apanhar um táxi	टैक्सी लेना	taiksī lena
tráfego (m)	यातायात (f)	yātāyāt
engarrafamento (m)	ट्रैफ़िक जाम (m)	traifik jām
horas (f pl) de ponta	भीड़ का समय (m)	bhīr ka samay
estacionar (vi)	पार्क करना	pārk karana
estacionar (vt)	पार्क करना	pārk karana
parque (m) de estacionamento	पार्किंग (f)	pārking
metro (m)	मेट्रो (m)	metro
estação (f)	स्टेशन (m)	steshan
ir de metro	मेट्रो लेना	metro lena
comboio (m)	रेलगाड़ी, ट्रेन (f)	relagāṛī, tren
estação (f)	स्टेशन (m)	steshan

28. Cidade. Vida na cidade

cidade (f)	नगर (m)	nagar
capital (f)	राजधानी (f)	rājadhānī
aldeia (f)	गांव (m)	gānv
mapa (m) da cidade	नगर का नक्शा (m)	nagar ka naksha
centro (m) da cidade	नगर का केन्द्र (m)	nagar ka kendr
subúrbio (m)	उपनगर (m)	upanagar
suburbano	उपनगरिक	upanagarik
periferia (f)	बाहरी इलाका (m)	bāharī ilāka
arredores (m pl)	इर्दगिर्द के इलाके (m pl)	irdagird ke ilāke
quarteirão (m)	सेक्टर (m)	sektar
quarteirão (m) residencial	मुहल्ला (m)	muhalla
tráfego (m)	यातायात (f)	yātāyāt
semáforo (m)	यातायात सिग्नल (m)	yātāyāt signal
transporte (m) público	जन परिवहन (m)	jan parivahan
cruzamento (m)	चौराहा (m)	chaurāha
passadeira (f)	ज़ेबरा क्रॉसिंग (f)	zebara krosing
passagem (f) subterrânea	पैदल यात्रियों के लिए अंडरपास (f)	paidal yātriyon ke lie andarapās
cruzar, atravessar (vt)	सड़क पार करना	sarak pār karana
peão (m)	पैदल-यात्री (m)	paidal-yātrī
passeio (m)	फुटपाथ (m)	futapāth
ponte (f)	पुल (m)	pul
margem (f) do rio	तट (m)	tat
fonte (f)	फौवारा (m)	fauvāra
alameda (f)	छायापथ (f)	chhāyāpath
parque (m)	पार्क (m)	pārk
bulevar (m)	चौड़ी सड़क (m)	chaurī sarak
praça (f)	मैदान (m)	maidān
avenida (f)	मार्ग (m)	mārg
rua (f)	सड़क (f)	sarak
travessa (f)	गली (f)	galī
beco (m) sem saída	बंद गली (f)	band galī
casa (f)	मकान (m)	makān
edifício, prédio (m)	इमारत (f)	imārat
arranha-céus (m)	गगनचुंबी भवन (f)	gaganachumbī bhavan
fachada (f)	अगवाड़ा (m)	agavāra
telhado (m)	छत (f)	chhat
janela (f)	खिड़की (f)	khirakī
arco (m)	मेहराब (m)	meharāb
coluna (f)	स्तंभ (m)	stambh
esquina (f)	कोना (m)	kona
montra (f)	दुकान का शो-केस (m)	dukān ka sho-kes
letreiro (m)	साईनबोर्ड (m)	saīnabord
cartaz (m)	पोस्टर (m)	postar

cartaz (m) publicitário	विज्ञापन पोस्टर (m)	vigyāpan postar
painel (m) publicitário	बिलबोर्ड (m)	bilabord
lixo (m)	कूड़ा (m)	kūra
cesta (f) do lixo	कूड़े का डिब्बा (m)	kūre ka dibba
jogar lixo na rua	कूड़ा-कर्कट डालना	kūra-karkat dālana
aterro (m) sanitário	डम्पिंग ग्राउंड (m)	damping graund
cabine (f) telefónica	फ़ोन बूथ (m)	fon būth
candeeiro (m) de rua	बिजली का खंभा (m)	bijalī ka khambha
banco (m)	पार्क-बेंच (f)	pārk-bench
polícia (m)	पुलिसवाला (m)	pulisavāla
polícia (instituição)	पुलिस (m)	pulis
mendigo (m)	भिखारी (m)	bhikhārī
sem-abrigo (m)	बेघर (m)	beghar

29. Instituições urbanas

loja (f)	दुकान (f)	dukān
farmácia (f)	दवाख़ाना (m)	davākhāna
ótica (f)	चश्मे की दुकान (f)	chashme kī dukān
centro (m) comercial	शॉपिंग मॉल (m)	shoping mol
supermercado (m)	सुपर बाज़ार (m)	supar bāzār
padaria (f)	बेकरी (f)	bekarī
padeiro (m)	बेकर (m)	bekar
pastelaria (f)	टॉफ़ी की दुकान (f)	tofī kī dukān
mercearia (f)	परचून की दुकान (f)	parachūn kī dukān
talho (m)	गोश्त की दुकान (f)	gosht kī dukān
loja (f) de legumes	सब्ज़ियों की दुकान (f)	sabziyon kī dukān
mercado (m)	बाज़ार (m)	bāzār
café (m)	काफ़ी हाउस (m)	kāfī haus
restaurante (m)	रेस्टरॉं (m)	restarān
bar (m), cervejaria (f)	शराबख़ाना (m)	sharābakhāna
pizzaria (f)	पिट्ज़ा की दुकान (f)	pitza kī dukān
salão (m) de cabeleireiro	नाई की दुकान (f)	naī kī dukān
correios (m pl)	डाकघर (m)	dākaghar
lavandaria (f)	ड्राइक्लीनर (m)	draiklīnar
estúdio (m) fotográfico	फ़ोटो की दुकान (f)	foto kī dukān
sapataria (f)	जूते की दुकान (f)	jūte kī dukān
livraria (f)	किताबों की दुकान (f)	kitābon kī dukān
loja (f) de artigos de desporto	खेलकूद की दुकान (f)	khelakūd kī dukān
reparação (f) de roupa	कपड़ों की मरम्मत की दुकान (f)	kaparon kī marammat kī dukān
aluguer (m) de roupa	कपड़ों को किराए पर देने की दुकान (f)	kaparon ko kirae par dene kī dukān
aluguer (m) de filmes	वीडियो रेन्टल दुकान (f)	vīdiyo rental dukān
circo (m)	सर्कस (m)	sarkas

jardim (m) zoológico	चिड़ियाघर (m)	chiriyāghar
cinema (m)	सिनेमाघर (m)	sinemāghar
museu (m)	संग्रहालय (m)	sangrahālay
biblioteca (f)	पुस्तकालय (m)	pustakālay
teatro (m)	रंगमंच (m)	rangamanch
ópera (f)	ओपेरा (m)	opera
clube (m) noturno	नाईट क्लब (m)	naīt klab
casino (m)	केसिनो (m)	kesino
mesquita (f)	मस्जिद (m)	masjid
sinagoga (f)	सीनागोग (m)	sīnāgog
catedral (f)	गिरजाघर (m)	girajāghar
templo (m)	मंदिर (m)	mandir
igreja (f)	गिरजाघर (m)	girajāghar
instituto (m)	कॉलेज (m)	kolej
universidade (f)	विश्वविद्यालय (m)	vishvavidyālay
escola (f)	विद्यालय (m)	vidyālay
prefeitura (f)	प्रशासक प्रान्त (m)	prashāsak prānt
câmara (f) municipal	सिटी हॉल (m)	sitī hol
hotel (m)	होटल (f)	hotal
banco (m)	बैंक (m)	baink
embaixada (f)	दूतावस (m)	dūtāvas
agência (f) de viagens	पर्यटन ऑफ़िस (m)	paryatan āfis
agência (f) de informações	पूछताछ कार्यालय (m)	pūchhatāchh kāryālay
casa (f) de câmbio	मुद्रालय (m)	mudrālay
metro (m)	मेट्रो (m)	metro
hospital (m)	अस्पताल (m)	aspatāl
posto (m) de gasolina	पेट्रोल पम्प (f)	petrol pamp
parque (m) de estacionamento	पार्किंग (f)	pārking

30. Sinais

letreiro (m)	साईनबोर्ड (m)	saīnabord
inscrição (f)	दुकान का साईन (m)	dukān ka saīn
cartaz, póster (m)	पोस्टर (m)	postar
sinal (m) informativo	दिशा संकेतक (m)	disha sanketak
seta (f)	तीर दिशा संकेतक (m)	tīr disha sanketak
aviso (advertência)	चेतावनी (f)	chetāvanī
sinal (m) de aviso	चेतावनी संकेतक (m)	chetāvanī sanketak
avisar, advertir (vt)	चेतावनी देना	chetāvanī dena
dia (m) de folga	छुट्टी का दिन (m)	chhuttī ka din
horário (m)	समय सारणी (f)	samay sāranī
horário (m) de funcionamento	खुलने का समय (m)	khulane ka samay
BEM-VINDOS!	आपका स्वागत है!	āpaka svāgat hai!
ENTRADA	प्रवेश	pravesh

SAÍDA	निकास	nikās
EMPURRE	धक्का दें	dhakka den
PUXE	खींचे	khīnche
ABERTO	खुला	khula
FECHADO	बंद	band
MULHER	औरतों के लिये	auraton ke liye
HOMEM	आदमियों के लिये	ādamiyon ke liye
DESCONTOS	डिस्काउन्ट	diskaunt
SALDOS	सेल	sel
NOVIDADE!	नया!	naya!
GRÁTIS	मुफ्त	muft
ATENÇÃO!	ध्यान दें!	dhyān den!
NÃO HÁ VAGAS	कोई जगह खाली नहीं है	koī jagah khālī nahin hai
RESERVADO	रिज़र्वड	rizarvad
ADMINISTRAÇÃO	प्रशासन	prashāsan
SOMENTE PESSOAL AUTORIZADO	केवल कर्मचारियों के लिए	keval karmachāriyon ke lie
CUIDADO CÃO FEROZ	कुते से सावधान!	kutte se sāvadhān!
PROIBIDO FUMAR!	धूम्रपान निषेध!	dhumrapān nishedh!
NÃO TOCAR	छूना मना!	chhūna mana!
PERIGOSO	खतरा	khatara
PERIGO	खतरा	khatara
ALTA TENSÃO	उच्च वोल्टेज	uchch voltej
PROIBIDO NADAR	तैरना मना!	tairana mana!
AVARIADO	ख़राब	kharāb
INFLAMÁVEL	ज्वलनशील	jvalanashīl
PROIBIDO	निषिद्ध	nishiddh
ENTRADA PROIBIDA	प्रवेश निषेध!	pravesh nishedh!
CUIDADO TINTA FRESCA	गीला पेंट	gīla pent

31. Compras

comprar (vt)	खरीदना	kharīdana
compra (f)	खरीदारी (f)	kharīdārī
fazer compras	खरीदारी करने जाना	kharīdārī karane jāna
compras (f pl)	खरीदारी (f)	kharīdārī
estar aberta (loja, etc.)	खुला होना	khula hona
estar fechada	बन्द होना	band hona
calçado (m)	जूता (m)	jūta
roupa (f)	पोशाक (m)	poshāk
cosméticos (m pl)	श्रृंगार-सामग्री (f)	shrrngār-sāmagrī
alimentos (m pl)	खाने-पीने की चीज़ें (f pl)	khāne-pīne kī chīzen
presente (m)	उपहार (m)	upahār
vendedor (m)	बेचनेवाला (m)	bechanevāla
vendedora (f)	बेचनेवाली (f)	bechanevālī

caixa (f)	कैश-काउन्टर (m)	kaish-kauntar
espelho (m)	आईना (m)	āīna
balcão (m)	काउन्टर (m)	kauntar
cabine (f) de provas	ट्राई करने का कमरा (m)	traī karane ka kamara
provar (vt)	ट्राई करना	traī karana
servir (vi)	फिटिंग करना	fiting karana
gostar (apreciar)	पसंद करना	pasand karana
preço (m)	दाम (m)	dām
etiqueta (f) de preço	प्राइस टैग (m)	prais taig
custar (vt)	दाम होना	dām hona
Quanto?	कितना?	kitana?
desconto (m)	डिस्काउन्ट (m)	diskaunt
não caro	सस्ता	sasta
barato	सस्ता	sasta
caro	महंगा	mahanga
É caro	यह महंगा है	yah mahanga hai
aluguer (m)	रेन्टल (m)	rental
alugar (vestidos, etc.)	किराए पर लेना	kirae par lena
crédito (m)	क्रेडिट (m)	kredit
a crédito	क्रेडिट पर	kredit par

VESTUÁRIO & ACESSÓRIOS

32. Roupa exterior. Casacos

roupa (f)	कपड़े (m)	kapare
roupa (f) exterior	बाहरी पोशाक (m)	bāharī poshāk
roupa (f) de inverno	सर्दियों की पोशक (f)	sardiyon kī poshak
sobretudo (m)	ओवरकोट (m)	ovarakot
casaco (m) de peles	फरकोट (m)	farakot
casaco curto (m) de peles	फ़र की जैकेट (f)	far kī jaiket
casaco (m) acolchoado	फ़ेदर कोट (m)	fedar kot
casaco, blusão (m)	जैकेट (f)	jaiket
impermeável (m)	बरसाती (f)	barasātī
impermeável	जलरोधक	jalarodhak

33. Vestuário de homem & mulher

camisa (f)	कमीज़ (f)	kamīz
calças (f pl)	पैंट (m)	paint
calças (f pl) de ganga	जीन्स (m)	jīns
casaco (m) de fato	कोट (m)	kot
fato (m)	सूट (m)	sūt
vestido (ex. ~ vermelho)	फ़्रॉक (f)	frok
saia (f)	स्कर्ट (f)	skart
blusa (f)	ब्लाउज़ (f)	blauz
casaco (m) de malha	कार्डिगन (f)	kārdigan
casaco, blazer (m)	जैकेट (f)	jaiket
T-shirt, camiseta (f)	टी-शर्ट (f)	tī-shart
calções (Bermudas, etc.)	शॉर्ट्स (m pl)	shorts
fato (m) de treino	ट्रैक सूट (m)	traik sūt
roupão (m) de banho	बाथ रोब (m)	bāth rob
pijama (m)	पजामा (m)	pajāma
suéter (m)	सूटर (m)	sūtar
pulôver (m)	पुलोवर (m)	pulovar
colete (m)	बण्डी (m)	bandī
fraque (m)	टेल-कोट (m)	tel-kot
smoking (m)	डिनर-जैकेट (f)	dinar-jaiket
uniforme (m)	वर्दी (f)	vardī
roupa (f) de trabalho	वर्दी (f)	vardī
fato-macaco (m)	ओवरऑल्स (m)	ovarols
bata (~ branca, etc.)	कोट (m)	kot

34. Vestuário. Roupa interior

roupa (f) interior	अंगवस्त्र (m)	angavastr
camisola (f) interior	बनियान (f)	baniyān
peúgas (f pl)	मोज़े (m pl)	moze
camisa (f) de noite	नाइट गाउन (m)	nait gaun
sutiã (m)	ब्रा (f)	bra
meias longas (f pl)	घुटनों तक के मोज़े (m)	ghutanon tak ke moze
meia-calça (f)	टाइट्स (m pl)	taits
meias (f pl)	स्टाकिंग (m pl)	stāking
fato (m) de banho	स्विम सूट (m)	svim sūt

35. Adereços de cabeça

chapéu (m)	टोपी (f)	topī
chapéu (m) de feltro	हैट (f)	hait
boné (m) de beisebol	बैस्बॉल कैप (f)	baisbol kaip
boné (m)	फ्लैट कैप (f)	flait kaip
boina (f)	बेरेट (m)	beret
capuz (m)	हुड (m)	hūd
panamá (m)	पनामा हैट (m)	panāma hait
gorro (m) de malha	बुनी हुई टोपी (f)	bunī huī topī
lenço (m)	सिर का स्कार्फ़ (m)	sir ka skārf
chapéu (m) de mulher	महिलाओं की टोपी (f)	mahilaon kī topī
capacete (m) de proteção	हेलमेट (f)	helamet
bibico (m)	पुलिसीया टोपी (f)	pulisīya topī
capacete (m)	हेलमेट (f)	helamet
chapéu-coco (m)	बॉलर हैट (m)	bolar hait
chapéu (m) alto	टॉप हैट (m)	top hait

36. Calçado

calçado (m)	पनही (f)	panahī
botinas (f pl)	जूते (m pl)	jūte
sapatos (de salto alto, etc.)	जूते (m pl)	jūte
botas (f pl)	बूट (m pl)	būt
pantufas (f pl)	चप्पल (f pl)	chappal
ténis (m pl)	टेनिस के जूते (m)	tenis ke jūte
sapatilhas (f pl)	स्नीकर्स (m)	snīkars
sandálias (f pl)	सैन्डल (f)	saindal
sapateiro (m)	मोची (m)	mochī
salto (m)	एड़ी (f)	erī
par (m)	जोड़ा (m)	jora
atacador (m)	जूते का फ़ीता (m)	jūte ka fīta

apertar os atacadores	फ़ीता बाँधना	fīta bāndhana
calçadeira (f)	शू-होर्न (m)	shū-horn
graxa (f) para calçado	बूट-पालिश (m)	būt-pālish

37. Acessórios pessoais

luvas (f pl)	दस्ताने (m pl)	dastāne
mitenes (f pl)	दस्ताने (m pl)	dastāne
cachecol (m)	मफ़लर (m)	mafalar
óculos (m pl)	ऐनक (m pl)	ainak
armação (f) de óculos	चश्मे का फ्रेम (m)	chashme ka frem
guarda-chuva (m)	छतरी (f)	chhatarī
bengala (f)	छड़ी (f)	chharī
escova (f) para o cabelo	ब्रश (m)	brash
leque (m)	पंखा (m)	pankha
gravata (f)	टाई (f)	taī
gravata-borboleta (f)	बो टाई (f)	bo taī
suspensórios (m pl)	पतलून बाँधने का फ़ीता (m)	patalūn bāndhane ka fīta
lenço (m)	रूमाल (m)	rūmāl
pente (m)	कंघा (m)	kangha
travessão (m)	बालपिन (f)	bālapin
gancho (m) de cabelo	हेयरक्लीप (f)	heyaraklīp
fivela (f)	बकसुआ (m)	bakasua
cinto (m)	बेल्ट (m)	belt
correia (f)	कंधे का पट्टा (m)	kandhe ka patta
mala (f)	बैग (m)	baig
mala (f) de senhora	पर्स (m)	pars
mochila (f)	बैकपैक (m)	baikapaik

38. Vestuário. Diversos

moda (f)	फ़ैशन (m)	faishan
na moda	प्रचलन में	prachalan men
estilista (m)	फ़ैशन डिज़ाइनर (m)	faishan dizainar
colarinho (m), gola (f)	कॉलर (m)	kolar
bolso (m)	जेब (m)	jeb
de bolso	जेब	jeb
manga (f)	आस्तीन (f)	āstīn
alcinha (f)	हैंगिंग लूप (f)	hainging lūp
braguilha (f)	ज़िप (f)	zip
fecho (m) de correr	ज़िप (f)	zip
fecho (m), colchete (m)	हुक (m)	huk
botão (m)	बटन (m)	batan
casa (f) de botão	बटन का काज (m)	batan ka kāj
soltar-se (vr)	निकल जाना	nikal jāna

coser, costurar (vi)	सीना	sīna
bordar (vt)	काढ़ना	kārhana
bordado (m)	कढ़ाई (f)	karhaī
agulha (f)	सूई (f)	sūī
fio (m)	धागा (m)	dhāga
costura (f)	सीवन (m)	sīvan
sujar-se (vr)	मैला होना	maila hona
mancha (f)	धब्बा (m)	dhabba
engelhar-se (vr)	शिकन पड़ जाना	shikan par jāna
rasgar (vt)	फट जाना	fat jāna
traça (f)	कपड़ों के कीड़े (m)	kaparon ke kīre

39. Cuidados pessoais. Cosméticos

pasta (f) de dentes	टूथपेस्ट (m)	tūthapest
escova (f) de dentes	टूथब्रश (m)	tūthabrash
escovar os dentes	दाँत साफ़ करना	dānt sāf karana
máquina (f) de barbear	रेज़र (f)	rezar
creme (m) de barbear	हजामत का क्रीम (m)	hajāmat ka krīm
barbear-se (vr)	शेव करना	shev karana
sabonete (m)	साबुन (m)	sābun
champô (m)	शैम्पू (m)	shaimpū
tesoura (f)	कैंची (f pl)	kainchī
lima (f) de unhas	नाख़ून घिसनी (f)	nākhūn ghisanī
corta-unhas (m)	नाख़ून कतरनी (f)	nākhūn kataranī
pinça (f)	ट्वीज़र्स (f)	tvīzars
cosméticos (m pl)	श्रृंगार-सामग्री (f)	shrrngār-sāmagrī
máscara (f) facial	चेहरे का लेप (m)	chehare ka lep
manicura (f)	मैनीक्योर (m)	mainīkyor
fazer a manicura	मैनीक्योर करवाना	mainīkyor karavāna
pedicure (f)	पेडिक्यूर (m)	pedikyūr
mala (f) de maquilhagem	श्रृंगार थैली (f)	shrrngār thailī
pó (m)	पाउडर (m)	paudar
caixa (f) de pó	कॉम्पैक्ट पाउडर (m)	kompaikt paudar
blush (m)	ब्लशर (m)	blashar
perfume (m)	ख़ुशबू (f)	khushabū
água (f) de toilette	टॉयलेट वॉटर (m)	tāyalet votar
loção (f)	लोशन (m)	loshan
água-de-colónia (f)	कोलोन (m)	kolon
sombra (f) de olhos	आई-शैडो (m)	āī-shaido
lápis (m) delineador	आई-पेंसिल (f)	āī-pensil
máscara (f), rímel (m)	मस्कारा (m)	maskāra
batom (m)	लिपस्टिक (m)	lipastik
verniz (m) de unhas	नेल पॉलिश (f)	nel polish
laca (f) para cabelos	हेयर स्प्रे (m)	heyar spre

desodorizante (m)	डिओडरेन्ट (m)	diodarent
creme (m)	क्रीम (m)	krīm
creme (m) de rosto	चेहरे की क्रीम (f)	chehare kī krīm
creme (m) de mãos	हाथ की क्रीम (f)	hāth kī krīm
creme (m) antirrugas	एंटी रिंकल क्रीम (f)	entī rinkal krīm
de dia	दिन का	din ka
da noite	रात का	rāt ka
tampão (m)	टैम्पन (m)	taimpan
papel (m) higiénico	टॉयलेट पेपर (m)	toyalet pepar
secador (m) elétrico	हेयर ड्रायर (m)	heyar drāyar

40. Relógios de pulso. Relógios

relógio (m) de pulso	घड़ी (f pl)	gharī
mostrador (m)	डायल (m)	dāyal
ponteiro (m)	सुई (f)	suī
bracelete (f) em aço	धातु से बनी घड़ी का पट्टा (m)	dhātu se banī gharī ka patta
bracelete (f) em couro	घड़ी का पट्टा (m)	gharī ka patta
pilha (f)	बैटरी (f)	baiterī
descarregar-se	ख़त्म हो जाना	khatm ho jāna
trocar a pilha	बैटरी बदलना	baiterī badalana
estar adiantado	तेज़ चलना	tez chalana
estar atrasado	धीमी चलना	dhīmī chalana
relógio (m) de parede	दीवार-घड़ी (f pl)	dīvār-gharī
ampulheta (f)	रेत-घड़ी (f pl)	ret-gharī
relógio (m) de sol	सूरज-घड़ी (f pl)	sūraj-gharī
despertador (m)	अलार्म घड़ी (f)	alārm gharī
relojoeiro (m)	घड़ीसाज़ (m)	gharīsāz
reparar (vt)	मरम्मत करना	marammat karana

EXPERIÊNCIA DO QUOTIDIANO

41. Dinheiro

dinheiro (m)	पैसा (m pl)	paisa
câmbio (m)	मुद्रा विनिमय (m)	mudra vinimay
taxa (f) de câmbio	विनिमय दर (m)	vinimay dar
Caixa Multibanco (m)	एटीएम (m)	etīem
moeda (f)	सिक्का (m)	sikka
dólar (m)	डॉलर (m)	dolar
euro (m)	यूरो (m)	yūro
lira (f)	लीरा (f)	līra
marco (m)	डचमार्क (m)	dachamārk
franco (m)	फ्रांक (m)	frānk
libra (f) esterlina	पाउन्ड स्टरलिंग (m)	paund staraling
iene (m)	येन (m)	yen
dívida (f)	कर्ज़ (m)	karz
devedor (m)	कर्ज़दार (m)	qarzadār
emprestar (vt)	कर्ज़ देना	karz dena
pedir emprestado	कर्ज़ लेना	karz lena
banco (m)	बैंक (m)	baink
conta (f)	बैंक खाता (m)	baink khāta
depositar na conta	बैंक खाते में जमा करना	baink khāte men jama karana
levantar (vt)	खाते से पैसे निकालना	khāte se paise nikālana
cartão (m) de crédito	क्रेडिट कार्ड (m)	kredit kārd
dinheiro (m) vivo	कैश (m pl)	kaish
cheque (m)	चेक (m)	chek
passar um cheque	चेक लिखना	chek likhana
livro (m) de cheques	चेकबुक (f)	chekabuk
carteira (f)	बटुआ (m)	batua
porta-moedas (m)	बटुआ (m)	batua
cofre (m)	लॉकर (m)	lokar
herdeiro (m)	उत्तराधिकारी (m)	uttarādhikārī
herança (f)	उत्तराधिकार (m)	uttarādhikār
fortuna (riqueza)	संपत्ति (f)	sampatti
arrendamento (m)	किराये पर देना (m)	kirāye par dena
renda (f) de casa	किराया (m)	kirāya
alugar (vt)	किराए पर लेना	kirae par lena
preço (m)	दाम (m)	dām
custo (m)	कीमत (f)	kīmat
soma (f)	रक़म (m)	raqam

gastar (vt)	खर्च करना	kharch karana
gastos (m pl)	खर्च (m pl)	kharch
economizar (vi)	बचत करना	bachat karana
económico	किफ़ायती	kifāyatī
pagar (vt)	दाम चुकाना	dām chukāna
pagamento (m)	भुगतान (m)	bhugatān
troco (m)	चिल्लर (m)	chillar
imposto (m)	टैक्स (m)	taiks
multa (f)	जुर्माना (m)	jurmāna
multar (vt)	जुर्माना लगाना	jurmāna lagāna

42. Correios. Serviço postal

correios (m pl)	डाकघर (m)	dākaghar
correio (m)	डाक (m)	dāk
carteiro (m)	डाकिया (m)	dākiya
horário (m)	खुलने का समय (m)	khulane ka samay
carta (f)	पत्र (m)	patr
carta (f) registada	रजिस्टरी पत्र (m)	rajistarī patr
postal (m)	पोस्ट कार्ड (m)	post kārd
telegrama (m)	तार (m)	tār
encomenda (f) postal	पार्सल (f)	pārsal
remessa (f) de dinheiro	मनी ट्रांसफर (m)	manī trānsafar
receber (vt)	पाना	pāna
enviar (vt)	भेजना	bhejana
envio (m)	भेज (m)	bhej
endereço (m)	पता (m)	pata
código (m) postal	पिन कोड (m)	pin kod
remetente (m)	भेजनेवाला (m)	bhejanevāla
destinatário (m)	पानेवाला (m)	pānevāla
nome (m)	पहला नाम (m)	pahala nām
apelido (m)	उपनाम (m)	upanām
tarifa (f)	डाक दर (m)	dāk dar
ordinário	मानक	mānak
económico	किफ़ायती	kifāyatī
peso (m)	वज़न (m)	vazan
pesar (estabelecer o peso)	तोलना	tolana
envelope (m)	लिफ़ाफ़ा (m)	lifāfa
selo (m)	डाक टिकट (m)	dāk tikat
colar o selo	डाक टिकट लगाना	dāk tikat lagāna

43. Banca

banco (m)	बैंक (m)	baink
sucursal, balcão (f)	शाखा (f)	shākha

| consultor (m) | क्लर्क (m) | klark |
| gerente (m) | मैनेजर (m) | mainejar |

conta (f)	बैंक खाता (m)	baink khāta
número (m) da conta	खाते का नम्बर (m)	khāte ka nambar
conta (f) corrente	चालू खाता (m)	chālū khāta
conta (f) poupança	बचत खाता (m)	bachat khāta

abrir uma conta	खाता खोलना	khāta kholana
fechar uma conta	खाता बंद करना	khāta band karana
depositar na conta	खाते में जमा करना	khāte men jama karana
levantar (vt)	खाते से पैसा निकालना	khāte se paisa nikālana

depósito (m)	जमा (m)	jama
fazer um depósito	जमा करना	jama karana
transferência (f) bancária	तार स्थानांतरण (m)	tār sthānāntaran
transferir (vt)	पैसे स्थानांतरित करना	paise sthānāntarit karana

| soma (f) | रक़म (m) | raqam |
| Quanto? | कितना? | kitana? |

| assinatura (f) | हस्ताक्षर (f) | hastākshar |
| assinar (vt) | हस्ताक्षर करना | hastākshar karana |

cartão (m) de crédito	क्रेडिट कार्ड (m)	kredit kārd
código (m)	पिन कोड (m)	pin kod
número (m) do cartão de crédito	क्रेडिट कार्ड संख्या (f)	kredit kārd sankhya
Caixa Multibanco (m)	एटीएम (m)	etīem

cheque (m)	चेक (m)	chek
passar um cheque	चेक लिखना	chek likhana
livro (m) de cheques	चेकबुक (f)	chekabuk

empréstimo (m)	उधार (m)	uthār
pedir um empréstimo	उधार के लिए आवेदन करना	udhār ke lie āvedan karana
obter um empréstimo	उधार लेना	uthār lena
conceder um empréstimo	उधार देना	uthār dena
garantia (f)	गारन्टी (f)	gārantī

44. Telefone. Conversação telefónica

telefone (m)	फ़ोन (m)	fon
telemóvel (m)	मोबाइल फ़ोन (m)	mobail fon
secretária (f) electrónica	जवाबी मशीन (f)	javābī mashīn

| fazer uma chamada | फ़ोन करना | fon karana |
| chamada (f) | कॉल (m) | kol |

marcar um número	नम्बर लगाना	nambar lagāna
Alô!	हेलो!	helo!
perguntar (vt)	पूछना	pūchhana
responder (vt)	जवाब देना	javāb dena
ouvir (vt)	सुनना	sunana

bem	ठीक	thīk
mal	ठीक नहीं	thīk nahin
ruído (m)	आवाज़ें (f)	āvāzen

auscultador (m)	रिसीवर (m)	risīvar
pegar o telefone	फ़ोन उठाना	fon uthāna
desligar (vi)	फ़ोन रखना	fon rakhana

ocupado	बिज़ी	bizī
tocar (vi)	फ़ोन बजना	fon bajana
lista (f) telefónica	टेलीफ़ोन बुक (m)	telīfon buk
local	लोकल	lokal
de longa distância	लंबी दूरी की कॉल	lambī dūrī kī kol
internacional	अंतर्राष्ट्रीय	antarrāshtrīy

45. Telefone móvel

telemóvel (m)	मोबाइल फ़ोन (m)	mobail fon
ecrã (m)	डिस्प्ले (m)	disple
botão (m)	बटन (m)	batan
cartão SIM (m)	सिम कार्ड (m)	sim kārd

bateria (f)	बैटरी (f)	baitarī
descarregar-se	बैटरी डेड हो जाना	baitarī ded ho jāna
carregador (m)	चार्जर (m)	chārjar

menu (m)	मीनू (m)	mīnū
definições (f pl)	सेटिंग्स (f)	setings
melodia (f)	कॉलर ट्यून (m)	kolar tyūn
escolher (vt)	चुनना	chunana

calculadora (f)	कैल्कुलैटर (m)	kailkulaitar
correio (m) de voz	वॉयस मेल (f)	voyas mel
despertador (m)	अलार्म घड़ी (f)	alārm gharī
contatos (m pl)	संपर्क (m)	sampark

| mensagem (f) de texto | एसएमएस (m) | esemes |
| assinante (m) | सदस्य (m) | sadasy |

46. Estacionário

| caneta (f) | बॉल पेन (m) | bol pen |
| caneta (f) tinteiro | फाउन्टेन पेन (m) | faunten pen |

lápis (m)	पेंसिल (f)	pensil
marcador (m)	हाइलाइटर (m)	hailaitar
caneta (f) de feltro	फ़ेल्ट टिप पेन (m)	felt tip pen

bloco (m) de notas	नोटबुक (m)	notabuk
agenda (f)	डायरी (f)	dāyarī
régua (f)	स्केल (m)	skel
calculadora (f)	कैल्कुलेटर (m)	kailkuletar

borracha (f)	रबड़ (f)	rabar
pionés (m)	थंबटैक (m)	thanrbataik
clipe (m)	पेपर क्लिप (m)	pepar klip

cola (f)	गोंद (f)	gond
agrafador (m)	स्टेप्लर (m)	steplar
furador (m)	होल पंचर (m)	hol panchar
afia-lápis (m)	शार्पनर (m)	shārpanar

47. Línguas estrangeiras

língua (f)	भाषा (f)	bhāsha
língua (f) estrangeira	विदेशी भाषा (f)	videshī bhāsha
estudar (vt)	पढ़ना	parhana
aprender (vt)	सीखना	sīkhana

ler (vt)	पढ़ना	parhana
falar (vi)	बोलना	bolana
compreender (vt)	समझना	samajhana
escrever (vt)	लिखना	likhana

rapidamente	तेज़	tez
devagar	धीरे	dhīre
fluentemente	धड़ल्ले से	dharalle se

regras (f pl)	नियम (m pl)	niyam
gramática (f)	व्याकरण (m)	vyākaran
vocabulário (m)	शब्दावली (f)	shabdāvalī
fonética (f)	स्वरविज्ञान (m)	svaravigyān

manual (m) escolar	पाठ्यपुस्तक (f)	pāthyapustak
dicionário (m)	शब्दकोश (m)	shabdakosh
manual (m) de autoaprendizagem	स्वयंशिक्षक पुस्तक (m)	svayanshikshak pustak
guia (m) de conversação	वार्तालाप-पुस्तिका (f)	vārttālāp-pustika

cassete (f)	कैसेट (f)	kaiset
vídeo cassete (m)	वीडियो कैसेट (m)	vīdiyo kaiset
CD (m)	सीडी (m)	sīdī
DVD (m)	डीवीडी (m)	dīvīdī

alfabeto (m)	वर्णमाला (f)	varnamāla
soletrar (vt)	हिज्जे करना	hijje karana
pronúncia (f)	उच्चारण (m)	uchchāran

sotaque (m)	लहज़ा (m)	lahaza
com sotaque	लहज़े के साथ	lahaze ke sāth
sem sotaque	बिना लहज़े	bina lahaze

| palavra (f) | शब्द (m) | shabd |
| sentido (m) | मतलब (m) | matalab |

| cursos (m pl) | पाठ्यक्रम (m) | pāthyakram |
| inscrever-se (vr) | सदस्य बनना | sadasy banana |

professor (m)	शिक्षक (m)	shikshak
tradução (processo)	तर्जुमा (m)	tarjuma
tradução (texto)	अनुवाद (m)	anuvād
tradutor (m)	अनुवादक (m)	anuvādak
intérprete (m)	दुभाषिया (m)	dubhāshiya
poliglota (m)	बहुभाषी (m)	bahubhāshī
memória (f)	स्मृति (f)	smrti

REFEIÇÕES. RESTAURANTE

48. Por a mesa

colher (f)	चम्मच (m)	chammach
faca (f)	छुरी (f)	chhurī
garfo (m)	कॉटा (m)	kānta
chávena (f)	प्याला (m)	pyāla
prato (m)	तश्तरी (f)	tashtarī
pires (m)	सॉसर (m)	sosar
guardanapo (m)	नैपकीन (m)	naipakīn
palito (m)	टूथपिक (m)	tūthapik

49. Restaurante

restaurante (m)	रेस्टरॉं (m)	restarān
café (m)	कॉफ़ी हाउस (m)	kofi haus
bar (m), cervejaria (f)	बार (m)	bār
salão (m) de chá	चायख़ाना (m)	chāyakhāna
empregado (m) de mesa	बैरा (m)	baira
empregada (f) de mesa	बैरी (f)	bairī
barman (m)	बारमैन (m)	bāramain
ementa (f)	मेनू (m)	menū
lista (f) de vinhos	वाइन सूची (f)	vain sūchī
reservar uma mesa	मेज़ बुक करना	mez buk karana
prato (m)	पकवान (m)	pakavān
pedir (vt)	आर्डर देना	ārdar dena
fazer o pedido	आर्डर देना	ārdar dena
aperitivo (m)	एपेरेतीफ़ (m)	eperetīf
entrada (f)	एपेटाइज़र (m)	epetaizar
sobremesa (f)	मीठा (m)	mītha
conta (f)	बिल (m)	bil
pagar a conta	बील का भुगतान करना	bīl ka bhugatān karana
dar o troco	खुले पैसे देना	khule paise dena
gorjeta (f)	टिप (f)	tip

50. Refeições

comida (f)	खाना (m)	khāna
comer (vt)	खाना खाना	khāna khāna

pequeno-almoço (m)	नाश्ता (m)	nāshta
tomar o pequeno-almoço	नाश्ता करना	nāshta karana
almoço (m)	दोपहर का भोजन (m)	dopahar ka bhojan
almoçar (vi)	दोपहर का भोजन करना	dopahar ka bhojan karana
jantar (m)	रात्रिभोज (m)	rātribhoj
jantar (vi)	रात्रिभोज करना	rātribhoj karana
apetite (m)	भूख (f)	bhūkh
Bom apetite!	अपने भोजन का आनंद उठाएं!	apane bhojan ka ānand uthaen!
abrir (~ uma lata, etc.)	खोलना	kholana
derramar (vt)	गिराना	girāna
derramar-se (vr)	गिराना	girāna
ferver (vi)	उबालना	ubālana
ferver (vt)	उबालना	ubālana
fervido	उबला हुआ	ubala hua
arrefecer (vt)	ठंडा करना	thanda karana
arrefecer-se (vr)	ठंडा करना	thanda karana
sabor, gosto (m)	स्वाद (m)	svād
gostinho (m)	स्वाद (m)	svād
fazer dieta	वज़न घटाना	vazan ghatāna
dieta (f)	डाइट (m)	dait
vitamina (f)	विटामिन (m)	vitāmin
caloria (f)	कैलोरी (f)	kailorī
vegetariano (m)	शाकाहारी (m)	shākāhārī
vegetariano	शाकाहारी	shākāhārī
gorduras (f pl)	वसा (m pl)	vasa
proteínas (f pl)	प्रोटीन (m pl)	protīn
carboidratos (m pl)	कार्बोहाइड्रेट (m)	kārbohaidret
fatia (~ de limão, etc.)	टुकड़ा (m)	tukara
pedaço (~ de bolo)	टुकड़ा (m)	tukara
migalha (f)	टुकड़ा (m)	tukara

51. Pratos cozinhados

prato (m)	पकवान (m)	pakavān
cozinha (~ portuguesa)	व्यंजन (m)	vyanjan
receita (f)	रैसीपी (f)	raisīpī
porção (f)	भाग (m)	bhāg
salada (f)	सलाद (m)	salād
sopa (f)	सूप (m)	sūp
caldo (m)	यख़्नी (f)	yakhanī
sandes (f)	सैन्डविच (m)	saindavich
ovos (m pl) estrelados	आमलेट (m)	āmalet
hambúrguer (m)	हैमबर्गर (m)	haimabargar
bife (m)	बीफ़स्टीक (m)	bīfastīk

conduto (m)	साइड डिश (f)	said dish
espaguete (m)	स्पेघेटी (f)	speghetī
puré (m) de batata	आलू भरता (f)	ālū bharata
pizza (f)	पीट्ज़ा (f)	pītza
papa (f)	दलिया (f)	daliya
omelete (f)	आमलेट (m)	āmalet

cozido em água	उबला	ubala
fumado	धुएँ में पकाया हुआ	dhuen men pakāya hua
frito	भुना	bhuna
seco	सूखा	sūkha
congelado	फ्रोज़न	frozan
em conserva	अचार	achār

doce (açucarado)	मीठा	mītha
salgado	नमकीन	namakīn
frio	ठंडा	thanda
quente	गरम	garam
amargo	कड़वा	karava
gostoso	स्वादिष्ट	svādisht

cozinhar (em água a ferver)	उबलते पानी में पकाना	ubalate pānī men pakāna
fazer, preparar (vt)	खाना बनाना	khāna banāna
fritar (vt)	भूनना	bhūnana
aquecer (vt)	गरम करना	garam karana

salgar (vt)	नमक डालना	namak dālana
apimentar (vt)	मिर्च डालना	mirch dālana
ralar (vt)	कद्दूकश करना	kaddūkash karana
casca (f)	छिलका (f)	chhilaka
descascar (vt)	छिलका निकलना	chhilaka nikalana

52. Comida

carne (f)	गोश्त (m)	gosht
galinha (f)	चीकन (m)	chīkan
frango (m)	रॉक कोनिश मुर्गी (f)	rok kornish murgī
pato (m)	बत्तख़ (f)	battakh
ganso (m)	हंस (m)	hans
caça (f)	शिकार के पशुपक्षी (f)	shikār ke pashupakshī
peru (m)	टर्की (m)	tarkī

carne (f) de porco	सुअर का गोश्त (m)	suar ka gosht
carne (f) de vitela	बछड़े का गोश्त (m)	bachhare ka gosht
carne (f) de carneiro	भेड़ का गोश्त (m)	bher ka gosht
carne (f) de vaca	गाय का गोश्त (m)	gāy ka gosht
carne (f) de coelho	खरगोश (m)	kharagosh

chouriço, salsichão (m)	सॉसेज (f)	sosej
salsicha (f)	वियना सॉसेज (m)	viyana sosej
bacon (m)	बेकन (m)	bekan
fiambre (f)	हैम (m)	haim
presunto (m)	सुअर की जांघ (f)	suar kī jāngh
patê (m)	पिसा हुआ गोश्त (m)	pisa hua gosht

fígado (m)	जिगर (f)	jigar
carne (f) moída	कीमा (m)	kīma
língua (f)	जीभ (m)	jībh

ovo (m)	अंडा (m)	anda
ovos (m pl)	अंडे (m pl)	ande
clara (f) do ovo	अंडे की सफ़ेदी (m)	ande kī safedī
gema (f) do ovo	अंडे की ज़र्दी (m)	ande kī zardī

peixe (m)	मछली (f)	machhalī
mariscos (m pl)	समुद्री खाना (m)	samudrī khāna
caviar (m)	मछली के अंडे (m)	machhalī ke ande

caranguejo (m)	केकड़ा (m)	kekara
camarão (m)	चिंगड़ा (m)	chingara
ostra (f)	सीप (m)	sīp
lagosta (f)	लोबस्टर (m)	lobastar
polvo (m)	ओक्टोपस (m)	oktopas
lula (f)	स्कीड (m)	skīd

esturjão (m)	स्टर्जन (f)	starjan
salmão (m)	सालमन (m)	sālaman
halibute (m)	हैलिबट (f)	hailibat

bacalhau (m)	कॉड (f)	kod
cavala, sarda (f)	माक्रैल (f)	mākrail
atum (m)	टूना (f)	tūna
enguia (f)	बाम मछली (f)	bām machhalī

truta (f)	ट्राउट मछली (f)	traut machhalī
sardinha (f)	सार्डीन (f)	sārdīn
lúcio (m)	पाइक (f)	paik
arenque (m)	हेरिंग मछली (f)	hering machhalī

pão (m)	ब्रेड (f)	bred
queijo (m)	पनीर (m)	panīr
açúcar (m)	चीनी (f)	chīnī
sal (m)	नमक (m)	namak

arroz (m)	चावल (m)	chāval
massas (f pl)	पास्ता (m)	pāsta
talharim (m)	नूडल्स (m)	nūdals

manteiga (f)	मक्खन (m)	makkhan
óleo (m) vegetal	तेल (m)	tel
óleo (m) de girassol	सूरजमुखी तेल (m)	sūrajamukhī tel
margarina (f)	नकली मक्खन (m)	nakalī makkhan

| azeitonas (f pl) | जैतून (m) | jaitūn |
| azeite (m) | जैतून का तेल (m) | jaitūn ka tel |

leite (m)	दूध (m)	dūdh
leite (m) condensado	रबड़ी (f)	rabaṛī
iogurte (m)	दही (m)	dahī
nata (f) azeda	खट्टी क्रीम (f)	khaṭṭī krīm
nata (f) do leite	मलाई (f pl)	malaī

maionese (f)	मेयोनेज़ (m)	meyonez
creme (m)	क्रीम (m)	krīm
grãos (m pl) de cereais	अनाज के दाने (m)	anāj ke dāne
farinha (f)	आटा (m)	āta
enlatados (m pl)	डिब्बाबन्द खाना (m)	dibbāband khāna
flocos (m pl) de milho	कॉर्नफ्लेक्स (m)	kornafleks
mel (m)	शहद (m)	shahad
doce (m)	जैम (m)	jaim
pastilha (f) elástica	चूइन्ग गम (m)	chūing gam

53. Bebidas

água (f)	पानी (m)	pānī
água (f) potável	पीने का पानी (f)	pīne ka pānī
água (f) mineral	मिनरल वॉटर (m)	minaral votar
sem gás	स्टिल वॉटर	stil votar
gaseificada	कार्बोनेटेड	kārboneted
com gás	स्पार्कलिंग	spārkaling
gelo (m)	बर्फ़ (m)	barf
com gelo	बर्फ़ के साथ	barf ke sāth
sem álcool	शराब रहित	sharāb rahit
bebida (f) sem álcool	कोल्ड ड्रिंक (f)	kold drink
refresco (m)	शीतलक ड्रिंक (f)	shītalak drink
limonada (f)	लेमोनेड (m)	lemoned
bebidas (f pl) alcoólicas	शराब (m pl)	sharāb
vinho (m)	वाइन (f)	vain
vinho (m) branco	सफ़ेद वाइन (f)	safed vain
vinho (m) tinto	लाल वाइन (f)	lāl vain
licor (m)	लिकर (m)	likar
champanhe (m)	शैम्पेन (f)	shaimpen
vermute (m)	वर्मिठथ (f)	varmauth
uísque (m)	विस्की (f)	viskī
vodka (f)	वोडका (m)	vodaka
gim (m)	जिन (f)	jin
conhaque (m)	कोन्याक (m)	konyāk
rum (m)	रम (m)	ram
café (m)	कॉफ़ी (f)	kofī
café (m) puro	काली कॉफ़ी (f)	kālī kofī
café (m) com leite	दूध के साथ कॉफ़ी (f)	dūdh ke sāth kofī
cappuccino (m)	कैपुचिनो (f)	kaipūchino
café (m) solúvel	इन्संटेन्ट-काफ़ी (f)	insatent-kāfī
leite (m)	दूध (m)	dūdh
coquetel (m)	कॉकटेल (m)	kokatel
batido (m) de leite	मिल्कशेक (m)	milkashek
sumo (m)	रस (m)	ras

sumo (m) de tomate	टमाटर का रस (m)	tamātar ka ras
sumo (m) de laranja	संतरे का रस (m)	santare ka ras
sumo (m) fresco	ताज़ा रस (m)	tāza ras
cerveja (f)	बियर (m)	biyar
cerveja (f) clara	हल्का बियर (m)	halka biyar
cerveja (f) preta	डार्क बियर (m)	dārk biyar
chá (m)	चाय (f)	chāy
chá (m) preto	काली चाय (f)	kālī chāy
chá (m) verde	हरी चाय (f)	harī chāy

54. Vegetais

legumes (m pl)	सब्ज़ियाँ (f pl)	sabziyān
verduras (f pl)	हरी सब्ज़ियाँ (f)	harī sabziyān
tomate (m)	टमाटर (m)	tamātar
pepino (m)	खीरा (m)	khīra
cenoura (f)	गाजर (f)	gājar
batata (f)	आलू (m)	ālū
cebola (f)	प्याज़ (m)	pyāz
alho (m)	लहसुन (m)	lahasun
couve (f)	पत्ता गोभी (f)	patta gobhī
couve-flor (f)	फूल गोभी (f)	fūl gobhī
couve-de-bruxelas (f)	ब्रसेल्स स्प्राउट्स (m)	brasels sprauts
brócolos (m pl)	ब्रोकोली (f)	brokolī
beterraba (f)	चुकन्दर (m)	chukandar
beringela (f)	बैंगन (m)	baingan
curgete (f)	तुरई (f)	turī
abóbora (f)	कद्दू	kaddū
nabo (m)	शलजम (f)	shalajam
salsa (f)	अजमोद (f)	ajamod
funcho, endro (m)	सोआ (m)	soa
alface (f)	सलाद पत्ता (m)	salād patta
aipo (m)	सेलरी (m)	selarī
espargo (m)	एस्पैरेगस (m)	espairegas
espinafre (m)	पालक (m)	pālak
ervilha (f)	मटर (m)	matar
fava (f)	फली (f pl)	falī
milho (m)	मकई (f)	makī
feijão (m)	राजमा (f)	rājama
pimentão (m)	शिमला मिर्च (m)	shimala mirch
rabanete (m)	मूली (f)	mūlī
alcachofra (f)	हाथीचक (m)	hāthīchak

55. Frutos. Nozes

fruta (f)	फल (m)	fal
maçã (f)	सेब (m)	seb
pera (f)	नाशपाती (f)	nāshapātī
limão (m)	नींबू (m)	nīmbū
laranja (f)	संतरा (m)	santara
morango (m)	स्ट्रॉबेरी (f)	stroberī
tangerina (f)	नारंगी (m)	nārangī
ameixa (f)	आलूबुखारा (m)	ālūbukhāra
pêssego (m)	आड़ू (m)	ārū
damasco (m)	खुबानी (f)	khūbānī
framboesa (f)	रसभरी (f)	rasabharī
ananás (m)	अनानास (m)	anānās
banana (f)	केला (m)	kela
melancia (f)	तरबूज (m)	tarabūz
uva (f)	अंगूर (m)	angūr
ginja, cereja (f)	चेरी (f)	cherī
meloa (f)	खरबूज़ा (f)	kharabūza
toranja (f)	ग्रेपफ्रूट (m)	grepafrūt
abacate (m)	एवोकाडो (m)	evokādo
papaia (f)	पपीता (f)	papīta
manga (f)	आम (m)	ām
romã (f)	अनार (m)	anār
groselha (f) vermelha	लाल किशमिश (f)	lāl kishamish
groselha (f) preta	काली किशमिश (f)	kālī kishamish
groselha (f) espinhosa	आमला (f)	āmala
mirtilo (m)	बिलबेरी (f)	bilaberī
amora silvestre (f)	ब्लैकबेरी (f)	blaikaberī
uvas (f pl) passas	किशमिश (m)	kishamish
figo (m)	अंजीर (m)	anjīr
tâmara (f)	खजूर (m)	khajūr
amendoim (m)	मूँगफली (m)	mūngafalī
amêndoa (f)	बादाम (f)	bādām
noz (f)	अखरोट (m)	akharot
avelã (f)	हेज़लनट (m)	hezalanat
coco (m)	नारियल (m)	nāriyal
pistáchios (m pl)	पिस्ता (m)	pista

56. Pão. Bolaria

pastelaria (f)	मिठाई (f pl)	mithaī
pão (m)	ब्रेड (f)	bred
bolacha (f)	बिस्कुट (m)	biskut
chocolate (m)	चॉकलेट (m)	chokalet
de chocolate	चॉकलेटी	chokaletī

rebuçado (m)	टॉफ़ी (f)	tofī
bolo (cupcake, etc.)	पेस्ट्री (f)	pestrī
bolo (m) de aniversário	केक (m)	kek

tarte (~ de maçã)	पाई (m)	paī
recheio (m)	फ़िलिंग (f)	filing

doce (m)	जैम (m)	jaim
geleia (f) de frutas	मुरब्बा (m)	murabba
waffle (m)	वेफ़र (m pl)	vefar
gelado (m)	आईस-क्रीम (f)	āīs-krīm

57. Especiarias

sal (m)	नमक (m)	namak
salgado	नमकीन	namakīn
salgar (vt)	नमक डालना	namak dālana

pimenta (f) preta	काली मिर्च (f)	kālī mirch
pimenta (f) vermelha	लाल मिर्च (m)	lāl mirch
mostarda (f)	सरसों (m)	sarason
raiz-forte (f)	अरब मूली (f)	arab mūlī

condimento (m)	मसाला (m)	masāla
especiaria (f)	मसाला (m)	masāla
molho (m)	चटनी (f)	chatanī
vinagre (m)	सिरका (m)	siraka

anis (m)	सौंफ़ (f)	saumf
manjericão (m)	तुलसी (f)	tulasī
cravo (m)	लौंग (f)	laung
gengibre (m)	अदरक (m)	adarak
coentro (m)	धनिया (m)	dhaniya
canela (f)	दालचीनी (f)	dālachīnī

sésamo (m)	तिल (m)	til
folhas (f pl) de louro	तेजपत्ता (m)	tejapatta
páprica (f)	लाल शिमला मिर्च पाउडर (m)	lāl shimala mirch paudar
cominho (m)	ज़ीरा (m)	zīra
açafrão (m)	ज़ाफ़रान (m)	zāfarān

INFORMAÇÃO PESSOAL. FAMÍLIA

58. Informação pessoal. Formulários

nome (m)	पहला नाम (m)	pahala nām
apelido (m)	उपनाम (m)	upanām
data (f) de nascimento	जन्म-दिवस (m)	janm-divas
local (m) de nascimento	मातृभूमि (f)	mātrbhūmi
nacionalidade (f)	नागरिकता (f)	nāgarikata
lugar (m) de residência	निवास स्थान (m)	nivās sthān
país (m)	देश (m)	desh
profissão (f)	पेशा (m)	pesha
sexo (m)	लिंग (m)	ling
estatura (f)	क़द (m)	qad
peso (m)	वज़न (m)	vazan

59. Membros da família. Parentes

mãe (f)	माँ (f)	mān
pai (m)	पिता (m)	pita
filho (m)	बेटा (m)	beta
filha (f)	बेटी (f)	betī
filha (f) mais nova	छोटी बेटी (f)	chhotī betī
filho (m) mais novo	छोटा बेटा (m)	chhota beta
filha (f) mais velha	बड़ी बेटी (f)	barī betī
filho (m) mais velho	बड़ा बेटा (m)	bara beta
irmão (m)	भाई (m)	bhaī
irmã (f)	बहन (f)	bahan
primo (m)	चचेरा भाई (m)	chachera bhaī
prima (f)	चचेरी बहन (f)	chacherī bahan
mamã (f)	अम्मा (f)	amma
papá (m)	पापा (m)	pāpa
pais (pl)	माँ-बाप (m pl)	mān-bāp
criança (f)	बच्चा (m)	bachcha
crianças (f pl)	बच्चे (m pl)	bachche
avó (f)	दादी (f)	dādī
avô (m)	दादा (m)	dāda
neto (m)	पोता (m)	pota
neta (f)	पोती (f)	potī
netos (pl)	पोते (m)	pote
tio (m)	चाचा (m)	chācha
tia (f)	चाची (f)	chāchī

sobrinho (m)	भतीजा (m)	bhatīja
sobrinha (f)	भतीजी (f)	bhatījī

sogra (f)	सास (f)	sās
sogro (m)	ससुर (m)	sasur
genro (m)	दामाद (m)	dāmād
madrasta (f)	सौतेली माँ (f)	sautelī mān
padrasto (m)	सौतेले पिता (m)	sautele pita

criança (f) de colo	दूधमुँहा बच्चा (m)	dudhamunha bachcha
bebé (m)	शिशु (f)	shishu
menino (m)	छोटा बच्चा (m)	chhota bachcha

mulher (f)	पत्नी (f)	patnī
marido (m)	पति (m)	pati
esposo (m)	पति (m)	pati
esposa (f)	पत्नी (f)	patnī

casado	शादीशुदा	shādīshuda
casada	शादीशुदा	shādīshuda
solteiro	अविवाहित	avivāhit
solteirão (m)	कुँआरा (m)	kunāra
divorciado	तलाक़शुदा	talāqashuda
viúva (f)	विधवा (f)	vidhava
viúvo (m)	विधुर (m)	vidhur

parente (m)	रिश्तेदार (m)	rishtedār
parente (m) próximo	सम्बंधी (m)	sambandhī
parente (m) distante	दूर का रिश्तेदार (m)	dūr ka rishtedār
parentes (m pl)	रिश्तेदार (m pl)	rishtedār

órfão (m), órfã (f)	अनाथ (m)	anāth
tutor (m)	अभिभावक (m)	abhibhāvak
adotar (um filho)	लड़का गोद लेना	laraka god lena
adotar (uma filha)	लड़की गोद लेना	larakī god lena

60. Amigos. Colegas de trabalho

amigo (m)	दोस्त (m)	dost
amiga (f)	सहेली (f)	sahelī
amizade (f)	दोस्ती (f)	dostī
ser amigos	दोस्त होना	dost hona

amigo (m)	मित्र (m)	mitr
amiga (f)	सहेली (f)	sahelī
parceiro (m)	पार्टनर (m)	pārtanar

chefe (m)	चीफ़ (m)	chīf
superior (m)	अधीक्षक (m)	adhīkshak
subordinado (m)	अधीनस्थ (m)	adhīnasth
colega (m)	सहकर्मी (m)	sahakarmī

conhecido (m)	परिचित आदमी (m)	parichit ādamī
companheiro (m) de viagem	सहगामी (m)	sahagāmī

colega (m) de classe	सहपाठी (m)	sahapāthī
vizinho (m)	पड़ोसी (m)	parosī
vizinha (f)	पड़ोसन (f)	parosan
vizinhos (pl)	पड़ोसी (m pl)	parosī

CORPO HUMANO. MEDICINA

61. Cabeça

cabeça (f)	सिर (m)	sir
cara (f)	चेहरा (m)	chehara
nariz (m)	नाक (f)	nāk
boca (f)	मुँह (m)	munh
olho (m)	आँख (f)	ānkh
olhos (m pl)	आँखें (f)	ānkhen
pupila (f)	आँख की पुतली (f)	ānkh kī putalī
sobrancelha (f)	भौंह (f)	bhaunh
pestana (f)	बरौनी (f)	baraunī
pálpebra (f)	पलक (m)	palak
língua (f)	जीभ (m)	jībh
dente (m)	दाँत (f)	dānt
lábios (m pl)	होंठ (m)	honth
maçãs (f pl) do rosto	गाल की हड्डी (f)	gāl kī haddī
gengiva (f)	मसूड़ा (m)	masūra
palato (m)	तालु (m)	tālu
narinas (f pl)	नथने (m pl)	nathane
queixo (m)	ठोड़ी (f)	thorī
mandíbula (f)	जबड़ा (m)	jabara
bochecha (f)	गाल (m)	gāl
testa (f)	माथा (m)	mātha
têmpora (f)	कनपट्टी (f)	kanapattī
orelha (f)	कान (m)	kān
nuca (f)	सिर का पिछला हिस्सा (m)	sir ka pichhala hissa
pescoço (m)	गरदन (m)	garadan
garganta (f)	गला (m)	gala
cabelos (m pl)	बाल (m pl)	bāl
penteado (m)	हेयरस्टाइल (m)	heyarastail
corte (m) de cabelo	हेयरकट (m)	heyarakat
peruca (f)	नकली बाल (m)	nakalī bāl
bigode (m)	मूँछें (f pl)	mūnchhen
barba (f)	दाढ़ी (f)	dārhī
usar, ter (~ barba, etc.)	होना	hona
trança (f)	चोटी (f)	chotī
suíças (f pl)	गलमुच्छा (m)	galamuchchha
ruivo	लाल बाल	lāl bāl
grisalho	सफ़ेद बाल	safed bāl
calvo	गंजा	ganja
calva (f)	गंजाई (f)	ganjaī

| rabo-de-cavalo (m) | पोनी-टेल (f) | ponī-tel |
| franja (f) | बेंग (m) | beng |

62. Corpo humano

| mão (f) | हाथ (m) | hāth |
| braço (m) | बाँह (m) | bānh |

dedo (m)	उँगली (m)	ungalī
polegar (m)	अँगूठा (m)	angūtha
dedo (m) mindinho	छोटी उंगली (f)	chhotī ungalī
unha (f)	नाखून (m)	nākhūn

punho (m)	मुट्ठी (m)	mutthī
palma (f) da mão	हथेली (f)	hathelī
pulso (m)	कलाई (f)	kalaī
antebraço (m)	प्रकोष्ठ (m)	prakoshth
cotovelo (m)	कोहनी (f)	kohanī
ombro (m)	कंधा (m)	kandha

perna (f)	टाँग (f)	tāng
pé (m)	पैर का तलवा (m)	pair ka talava
joelho (m)	घुटना (m)	ghutana
barriga (f) da perna	पिंडली (f)	pindalī
anca (f)	जाँघ (f)	jāngh
calcanhar (m)	एड़ी (f)	erī

corpo (m)	शरीर (m)	sharīr
barriga (f)	पेट (m)	pet
peito (m)	सीना (m)	sīna
seio (m)	स्तन (f)	stan
lado (m)	कूल्हा (m)	kūlha
costas (f pl)	पीठ (f)	pīth
região (f) lombar	पीठ का निचला हिस्सा (m)	pīth ka nichala hissa
cintura (f)	कमर (f)	kamar

umbigo (m)	नाभी (f)	nābhī
nádegas (f pl)	नितंब (m pl)	nitamb
traseiro (m)	नितम्ब (m)	nitamb

sinal (m)	सौंदर्य चिन्ह (f)	saundary chinh
sinal (m) de nascença	जन्म चिह्न (m)	janm chihn
tatuagem (f)	टैट्टू (m)	taitū
cicatriz (f)	घाव का निशान (m)	ghāv ka nishān

63. Doenças

doença (f)	बीमारी (f)	bīmārī
estar doente	बीमार होना	bīmār hona
saúde (f)	सेहत (f)	sehat
nariz (m) a escorrer	नज़ला (m)	nazala
amigdalite (f)	टॉन्सिल (m)	tonsil

constipação (f)	जुकाम (f)	zukām
constipar-se (vr)	जुकाम हो जाना	zukām ho jāna
bronquite (f)	ब्रॉन्काइटिस (m)	bronkaitis
pneumonia (f)	निमोनिया (f)	nimoniya
gripe (f)	फ्लू (m)	flū
míope	कमबीन	kamabīn
presbita	कमज़ोर दूरदृष्टि	kamazor dūradrshti
estrabismo (m)	तिरछी नज़र (m)	tirachhī nazar
estrábico	तिरछी नज़रवाला	tirachhī nazaravāla
catarata (f)	मोतिया बिंद (m)	motiya bind
glaucoma (m)	काला मोतिया (m)	kāla motiya
AVC (m), apoplexia (f)	स्ट्रोक (m)	strok
ataque (m) cardíaco	दिल का दौरा (m)	dil ka daura
enfarte (m) do miocárdio	मायोकार्डियल इन्फ़ार्क्शन (m)	māyokārdiyal infārkshan
paralisia (f)	लकवा (m)	lakava
paralisar (vt)	लकवा मारना	laqava mārana
alergia (f)	एलर्जी (f)	elarjī
asma (f)	दमा (f)	dama
diabetes (f)	शूगर (f)	shūgar
dor (f) de dentes	दाँत दर्द (m)	dānt dard
cárie (f)	दाँत में कीड़ा (m)	dānt men kīra
diarreia (f)	दस्त (m)	dast
prisão (f) de ventre	कब्ज़ (m)	kabz
desarranjo (m) intestinal	पेट ख़राब (m)	pet kharāb
intoxicação (f) alimentar	ख़राब खाने से हुई बीमारी (f)	kharāb khāne se huī bīmārī
intoxicar-se	ख़राब खाने से बीमार पड़ना	kharāb khāne se bīmār parana
artrite (f)	गठिया (m)	gathiya
raquitismo (m)	बालवक्र (m)	bālavakr
reumatismo (m)	आमवात (m)	āmavāt
arteriosclerose (f)	धमनीकलाकाठिन्य (m)	dhamanīkalākāthiny
gastrite (f)	जठर-शोथ (m)	jathar-shoth
apendicite (f)	उण्डुक-शोथ (m)	unduk-shoth
colecistite (f)	पित्ताशय (m)	pittāshay
úlcera (f)	अल्सर (m)	alsar
sarampo (m)	मीज़ल्स (m)	mīzals
rubéola (f)	जर्मन मीज़ल्स (m)	jarman mīzals
iterícia (f)	पीलिया (m)	pīliya
hepatite (f)	हेपटाइटिस (m)	hepetaitis
esquizofrenia (f)	शीज़ोफ्रेनीय (f)	shīzofrenīy
raiva (f)	रेबीज़ (m)	rebīz
neurose (f)	न्यूरोसिस (m)	nyūrosis
comoção (f) cerebral	आघात (m)	āghāt
cancro (m)	कर्क रोग (m)	kark rog
esclerose (f)	काठिन्य (m)	kāthiny

esclerose (f) múltipla	मल्टीपल स्क्लेरोसिस (m)	maltīpal sklerosis
alcoolismo (m)	शराबीपन (m)	sharābīpan
alcoólico (m)	शराबी (m)	sharābī
sífilis (f)	सीफ़िलिस (m)	sīfīlis
SIDA (f)	ऐड्स (m)	aids

tumor (m)	ट्यूमर (m)	tyūmar
maligno	घातक	ghātak
benigno	अर्बुद	arbud

febre (f)	बुखार (m)	bukhār
malária (f)	मलेरिया (f)	maleriya
gangrena (f)	गैन्ग्रीन (m)	gaingrīn
enjoo (m)	जहाज़ी मतली (f)	jahāzī matalī
epilepsia (f)	मिरगी (f)	miragī

epidemia (f)	महामारी (f)	mahāmārī
tifo (m)	टाइफ़स (m)	taifas
tuberculose (f)	टीबी (m)	ṭībī
cólera (f)	हैज़ा (f)	haiza
peste (f)	प्लेग (f)	pleg

64. Sintomas. Tratamentos. Parte 1

sintoma (m)	लक्षण (m)	lakshan
temperatura (f)	तापमान (m)	tāpamān
febre (f)	बुखार (f)	bukhār
pulso (m)	नब्ज़ (f)	nabz

vertigem (f)	सिर का चक्कर (m)	sir ka chakkar
quente (testa, etc.)	गरम	garam
calafrio (m)	कंपकंपी (f)	kampakampī
pálido	पीला	pīla

tosse (f)	खाँसी (f)	khānsī
tossir (vi)	खाँसना	khānsana
espirrar (vi)	छींकना	chhīnkana
desmaio (m)	बेहोशी (f)	behoshī
desmaiar (vi)	बेहोश होना	behosh hona

nódoa (f) negra	नील (m)	nīl
galo (m)	गुमड़ा (m)	gumara
magoar-se (vr)	चोट लगना	chot lagana
pisadura (f)	चोट (f)	chot
aleijar-se (vr)	घाव लगना	ghāv lagana

coxear (vi)	लँगड़ाना	langarāna
deslocação (f)	हड्डी खिसकना (f)	haddī khisakana
deslocar (vt)	हड्डी खिसकना	haddī khisakana
fratura (f)	हड्डी टूट जाना (f)	haddī tūt jāna
fraturar (vt)	हड्डी टूट जाना	haddī tūt jāna

| corte (m) | कट जाना (m) | kat jāna |
| cortar-se (vr) | ख़ुद को काट लेना | khud ko kāt lena |

hemorragia (f)	रक्त-स्राव (m)	rakt-srāv
queimadura (f)	जला होना	jala hona
queimar-se (vr)	जल जाना	jal jāna
picar (vt)	चुभाना	chubhāna
picar-se (vr)	ख़ुद को चुभाना	khud ko chubhāna
lesionar (vt)	घायल करना	ghāyal karana
lesão (m)	चोट (f)	chot
ferida (f), ferimento (m)	घाव (m)	ghāv
trauma (m)	चोट (f)	chot
delirar (vi)	बेहोशी में बड़बड़ाना	behoshī men barabadāna
gaguejar (vi)	हकलाना	hakalāna
insolação (f)	धूप आघात (m)	dhūp āghāt

65. Sintomas. Tratamentos. Parte 2

dor (f)	दर्द (f)	dard
farpa (no dedo)	चुभ जाना (m)	chubh jāna
suor (m)	पसीना (f)	pasīna
suar (vi)	पसीना निकलना	pasīna nikalana
vómito (m)	वमन (m)	vaman
convulsões (f pl)	दौरा (m)	daura
grávida	गर्भवती	garbhavatī
nascer (vi)	जन्म लेना	janm lena
parto (m)	पैदा करना (m)	paida karana
dar à luz	पैदा करना	paida karana
aborto (m)	गर्भपात (m)	garbhapāt
respiração (f)	साँस (f)	sāns
inspiração (f)	साँस अंदर खींचना (f)	sāns andar khīnchana
expiração (f)	साँस बाहर छोड़ना (f)	sāns bāhar chhorana
expirar (vi)	साँस बाहर छोड़ना	sāns bāhar chhorana
inspirar (vi)	साँस अंदर खींचना	sāns andar khīnchana
inválido (m)	अपाहिज (m)	apāhij
aleijado (m)	लूला (m)	lūla
toxicodependente (m)	नशेबाज़ (m)	nashebāz
surdo	बहरा	bahara
mudo	गूँगा	gūnga
surdo-mudo	बहरा और गूँगा	bahara aur gūnga
louco (adj.)	पागल	pāgal
louco (m)	पगला (m)	pagala
louca (f)	पगली (f)	pagalī
ficar louco	पागल हो जाना	pāgal ho jāna
gene (m)	वंशाणु (m)	vanshānu
imunidade (f)	रोग प्रतिरोधक शक्ति (f)	rog pratirodhak shakti
hereditário	जन्मजात	janmajāt
congénito	पैदाइशी	paidaishī

vírus (m)	विषाणु (m)	vishānu
micróbio (m)	कीटाणु (m)	kītānu
bactéria (f)	जीवाणु (m)	jīvānu
infeção (f)	संक्रमण (m)	sankraman

66. Sintomas. Tratamentos. Parte 3

hospital (m)	अस्पताल (m)	aspatāl
paciente (m)	मरीज़ (m)	marīz
diagnóstico (m)	रोग-निर्णय (m)	rog-nirnay
cura (f)	इलाज (m)	ilāj
tratamento (m) médico	चिकित्सीय उपचार (m)	chikitsīy upachār
curar-se (vr)	इलाज कराना	ilāj karāna
tratar (vt)	इलाज करना	ilāj karana
cuidar (pessoa)	देखभाल करना	dekhabhāl karana
cuidados (m pl)	देखभाल (f)	dekhabhāl
operação (f)	ऑपरेशन (m)	opareshan
enfaixar (vt)	पट्टी बाँधना	pattī bāndhana
enfaixamento (m)	पट्टी (f)	pattī
vacinação (f)	टीका (m)	tīka
vacinar (vt)	टीका लगाना	tīka lagāna
injeção (f)	इंजेक्शन (m)	injekshan
dar uma injeção	इंजेक्शन लगाना	injekshan lagāna
amputação (f)	अंगविच्छेद (f)	angavichchhed
amputar (vt)	अंगविच्छेद करना	angavichchhed karana
coma (f)	कोमा (m)	koma
estar em coma	कोमा में चले जाना	koma men chale jāna
reanimação (f)	गहन चिकित्सा (f)	gahan chikitsa
recuperar-se (vr)	ठीक हो जाना	thīk ho jāna
estado (~ de saúde)	हालत (m)	hālat
consciência (f)	होश (m)	hosh
memória (f)	याददाश्त (f)	yādadāsht
tirar (vt)	दाँत निकालना	dānt nikālana
chumbo (m), obturação (f)	भराव (m)	bharāv
chumbar, obturar (vt)	दाँत को भरना	dānt ko bharana
hipnose (f)	हिपनोसिस (m)	hipanosis
hipnotizar (vt)	हिपनोटाइज़ करना	hipanotaiz karana

67. Medicina. Drogas. Acessórios

medicamento (m)	दवा (f)	dava
remédio (m)	दवाई (f)	davaī
receitar (vt)	नुस्ख़ा लिखना	nusakha likhana
receita (f)	नुस्ख़ा (m)	nusakha
comprimido (m)	गोली (f)	golī

pomada (f)	मरहम (m)	maraham
ampola (f)	एम्प्यूल (m)	empyūl
preparado (m)	सिरप (m)	sirap
xarope (m)	शरबत (m)	sharabat
cápsula (f)	गोली (f)	golī
remédio (m) em pó	चूरन (m)	chūran
ligadura (f)	पट्टी (f)	pattī
algodão (m)	रूई का गोला (m)	rūī ka gola
iodo (m)	आयोडीन (m)	āyodīn
penso (m) rápido	बैंड-एड (m)	baind-ed
conta-gotas (m)	आई-ड्रॉपर (m)	āī-dropar
termómetro (m)	थरमामीटर (m)	tharamāmītar
seringa (f)	इंजेक्शन (m)	injekshan
cadeira (f) de rodas	व्हीलचेयर (f)	vhīlacheyar
muletas (f pl)	बैसाखी (m pl)	baisākhī
analgésico (m)	दर्द-निवारक (f)	dard-nivārak
laxante (m)	जुलाब की गोली (f)	julāb kī golī
álcool (m) etílico	स्पिरिट (m)	spirit
ervas (f pl) medicinais	जड़ी-बूटी (f)	jarī-būtī
de ervas (chá ~)	जड़ी-बूटियों से बना	jarī-būtiyon se bana

APARTAMENTO

68. Apartamento

apartamento (m)	फ़्लैट (f)	flait
quarto (m)	कमरा (m)	kamara
quarto (m) de dormir	सोने का कमरा (m)	sone ka kamara
sala (f) de jantar	खाने का कमरा (m)	khāne ka kamara
sala (f) de estar	बैठक (f)	baithak
escritório (m)	घरेलू कार्यालय (m)	gharelū kāryālay
antessala (f)	प्रवेश कक्ष (m)	pravesh kaksh
quarto (m) de banho	स्नानघर (m)	snānaghar
toilette (lavabo)	शौचालय (m)	shauchālay
teto (m)	छत (f)	chhat
chão, soalho (m)	फ़र्श (m)	farsh
canto (m)	कोना (m)	kona

69. Mobiliário. Interior

mobiliário (m)	फ़र्निचर (m)	farnichar
mesa (f)	मेज़ (f)	mez
cadeira (f)	कुर्सी (f)	kursī
cama (f)	पलंग (m)	palang
divã (m)	सोफ़ा (m)	sofa
cadeirão (m)	हत्थे वाली कुर्सी (f)	hatthe vālī kursī
estante (f)	किताबों की अलमारी (f)	kitābon kī alamārī
prateleira (f)	शेल्फ़ (f)	shelf
guarda-vestidos (m)	कपड़ों की अलमारी (f)	kaparon kī alamārī
cabide (m) de parede	खूँटी (f)	khūntī
cabide (m) de pé	खूँटी (f)	khūntī
cómoda (f)	कपड़ों की अलमारी (f)	kaparon kī alamārī
mesinha (f) de centro	कॉफ़ी की मेज़ (f)	kofī kī mez
espelho (m)	आईना (m)	āīna
tapete (m)	कालीन (m)	kālīn
tapete (m) pequeno	दरी (f)	darī
lareira (f)	चिमनी (f)	chimanī
vela (f)	मोमबत्ती (f)	momabattī
castiçal (m)	मोमबत्तीदान (m)	momabattīdān
cortinas (f pl)	परदे (m pl)	parade
papel (m) de parede	वॉल पेपर (m)	vol pepar

estores (f pl)	जेलुज़ी (f pl)	jeluzī
candeeiro (m) de mesa	मेज़ का लैम्प (m)	mez ka laimp
candeeiro (m) de parede	दिवार का लैम्प (m)	divār ka laimp
candeeiro (m) de pé	फ़र्श का लैम्प (m)	farsh ka laimp
lustre (m)	झूमर (m)	jhūmar

pé (de mesa, etc.)	पाँव (m)	pānv
braço (m)	कुर्सी का हत्था (m)	kursī ka hattha
costas (f pl)	कुर्सी की पीठ (f)	kursī kī pīth
gaveta (f)	दराज़ (m)	darāz

70. Quarto de dormir

roupa (f) de cama	बिस्तर के कपड़े (m)	bistar ke kapare
almofada (f)	तकिया (m)	takiya
fronha (f)	ग़िलाफ़ (m)	gilāf
cobertor (m)	रज़ाई (f)	razaī
lençol (m)	चादर (f)	chādar
colcha (f)	चादर (f)	chādar

71. Cozinha

cozinha (f)	रसोईघर (m)	rasoīghar
gás (m)	गैस (m)	gais
fogão (m) a gás	गैस का चूल्हा (m)	gais ka chūlha
fogão (m) elétrico	बिजली का चूल्हा (m)	bijalī ka chūlha
forno (m)	ओवन (m)	ovan
forno (m) de micro-ondas	माइक्रोवेव ओवन (m)	maikrovev ovan

frigorífico (m)	फ़ुज (m)	frij
congelador (m)	फ़्रीजर (m)	frījar
máquina (f) de lavar louça	डिशवॉशर (m)	dishavoshar

moedor (m) de carne	कीमा बनाने की मशीन (f)	kīma banāne kī mashīn
espremedor (m)	जूसर (m)	jūsar
torradeira (f)	टोस्टर (m)	tostar
batedeira (f)	मिक्सर (m)	miksar

máquina (f) de café	कॉफ़ी मशीन (f)	kofī mashīn
cafeteira (f)	कॉफ़ी पॉट (m)	kofī pot
moinho (m) de café	कॉफ़ी पीसने की मशीन (f)	kofī pīsane kī mashīn

chaleira (f)	केतली (f)	ketalī
bule (m)	चायदानी (f)	chāyadānī
tampa (f)	ढक्कन (m)	dhakkan
coador (m) de chá	छलनी (f)	chhalanī

colher (f)	चम्मच (m)	chammach
colher (f) de chá	चम्मच (m)	chammach
colher (f) de sopa	चम्मच (m)	chammach
garfo (m)	काँटा (m)	kānta
faca (f)	छुरी (f)	chhurī

louça (f)	बरतन (m)	baratan
prato (m)	तश्तरी (f)	tashtarī
pires (m)	तश्तरी (f)	tashtarī
cálice (m)	जाम (m)	jām
copo (m)	गिलास (m)	gilās
chávena (f)	प्याला (m)	pyāla
açucareiro (m)	चीनीदानी (f)	chīnīdānī
saleiro (m)	नमकदानी (m)	namakadānī
pimenteiro (m)	मिर्चदानी (f)	mirchadānī
manteigueira (f)	मक्खनदानी (f)	makkhanadānī
panela, caçarola (f)	सॉसपैन (m)	sosapain
frigideira (f)	फ़्राइ पैन (f)	frai pain
concha (f)	डोई (f)	doī
passador (m)	कालेन्डर (m)	kālendar
bandeja (f)	थाली (m)	thālī
garrafa (f)	बोतल (f)	botal
boião (m) de vidro	शीशी (f)	shīshī
lata (f)	डिब्बा (m)	dibba
abre-garrafas (m)	बोतल ओपनर (m)	botal opanar
abre-latas (m)	ओपनर (m)	opanar
saca-rolhas (m)	पेंचकस (m)	penchakas
filtro (m)	फ़िल्टर (m)	filtar
filtrar (vt)	फ़िल्टर करना	filtar karana
lixo (m)	कूड़ा (m)	kūra
balde (m) do lixo	कूड़े की बाल्टी (f)	kūre kī bāltī

72. Casa de banho

quarto (m) de banho	स्नानघर (m)	snānaghar
água (f)	पानी (m)	pānī
torneira (f)	नल (m)	nal
água (f) quente	गरम पानी (m)	garam pānī
água (f) fria	ठंडा पानी (m)	thanda pānī
pasta (f) de dentes	टूथपेस्ट (m)	tūthapest
escovar os dentes	दाँत ब्रश करना	dānt brash karana
barbear-se (vr)	शेव करना	shev karana
espuma (f) de barbear	शेविंग फ़ोम (m)	sheving fom
máquina (f) de barbear	रेज़र (f)	rezar
lavar (vt)	धोना	dhona
lavar-se (vr)	नहाना	nahāna
duche (m)	शावर (m)	shāvar
tomar um duche	शावर लेना	shāvar lena
banheira (f)	बाथटब (m)	bāthatab
sanita (f)	संडास (m)	sandās

lavatório (m)	सिंक (m)	sink
sabonete (m)	साबुन (m)	sābun
saboneteira (f)	साबुनदानी (f)	sābunadānī

esponja (f)	स्पंज (f)	spanj
champô (m)	शैम्पू (m)	shaimpū
toalha (f)	तौलिया (f)	tauliya
roupão (m) de banho	चोगा (m)	choga

lavagem (f)	धुलाई (f)	dhulaī
máquina (f) de lavar	वॉशिंग मशीन (f)	voshing mashīn
lavar a roupa	कपड़े धोना	kapare dhona
detergente (m)	कपड़े धोने का पाउडर (m)	kapare dhone ka paudar

73. Eletrodomésticos

televisor (m)	टीवी सेट (m)	tīvī set
gravador (m)	टेप रिकॉर्डर (m)	tep rikārdar
videogravador (m)	वीडियो टेप रिकॉर्डर (m)	vīdiyo tep rikārdar
rádio (m)	रेडियो (m)	rediyo
leitor (m)	प्लेयर (m)	pleyar

projetor (m)	वीडियो प्रोजेक्टर (m)	vīdiyo projektar
cinema (m) em casa	होम थीएटर (m)	hom thīetar
leitor (m) de DVD	डीवीडी प्लेयर (m)	dīvīdī pleyar
amplificador (m)	ध्वनि-विस्तारक (m)	dhvani-vistārak
console (f) de jogos	वीडियो गेम कन्सोल (m)	vīdiyo gem kansol

câmara (f) de vídeo	वीडियो कैमरा (m)	vīdiyo kaimara
máquina (f) fotográfica	कैमरा (m)	kaimara
câmara (f) digital	डिजिटल कैमरा (m)	dījital kaimara

aspirador (m)	वैक्यूम क्लीनर (m)	vaikyūm klīnar
ferro (m) de engomar	इस्तरी (f)	istarī
tábua (f) de engomar	इस्तरी तख़्ता (m)	istarī takhta

telefone (m)	टेलीफ़ोन (m)	telīfon
telemóvel (m)	मोबाइल फ़ोन (m)	mobail fon
máquina (f) de escrever	टाइपराइटर (m)	taiparaitar
máquina (f) de costura	सिलाई मशीन (f)	silaī mashīn

microfone (m)	माइक्रोफ़ोन (m)	maikrofon
auscultadores (m pl)	हैडफ़ोन (m pl)	hairafon
controlo remoto (m)	रिमोट (m)	rimot

CD (m)	सीडी (m)	sīdī
cassete (f)	कैसेट (f)	kaiset
disco (m) de vinil	रिकॉर्ड (m)	rikārd

A TERRA. TEMPO

74. Espaço sideral

cosmos (m)	अंतरिक्ष (m)	antariksh
cósmico	अंतरिक्षीय	antarikshīy
espaço (m) cósmico	अंतरिक्ष (m)	antariksh
mundo, universo (m)	ब्रह्माण्ड (m)	brahmānd
galáxia (f)	आकाशगंगा (f)	ākāshaganga
estrela (f)	सितारा (m)	sitāra
constelação (f)	नक्षत्र (m)	nakshatr
planeta (m)	ग्रह (m)	grah
satélite (m)	उपग्रह (m)	upagrah
meteorito (m)	उल्का पिंड (m)	ulka pind
cometa (m)	पुच्छल तारा (m)	puchchhal tāra
asteroide (m)	ग्रहिका (f)	grahika
órbita (f)	ग्रहपथ (m)	grahapath
girar (vi)	चक्कर लगना	chakkar lagana
atmosfera (f)	वातावरण (m)	vātāvaran
Sol (m)	सूरज (m)	sūraj
Sistema (m) Solar	सौर प्रणाली (f)	saur pranālī
eclipse (m) solar	सूर्य ग्रहण (m)	sūry grahan
Terra (f)	पृथ्वी (f)	prthvī
Lua (f)	चांद (m)	chānd
Marte (m)	मंगल (m)	mangal
Vénus (f)	शुक्र (m)	shukr
Júpiter (m)	बृहस्पति (m)	brhaspati
Saturno (m)	शनि (m)	shani
Mercúrio (m)	बुध (m)	budh
Urano (m)	अरुण (m)	arun
Neptuno (m)	वरुण (m)	varūn
Plutão (m)	प्लूटो (m)	plūto
Via Láctea (f)	आकाश गंगा (f)	ākāsh ganga
Ursa Maior (f)	सप्तर्षिमंडल (m)	saptarshimandal
Estrela Polar (f)	ध्रुव तारा (m)	dhruv tāra
marciano (m)	मंगल ग्रह का निवासी (m)	mangal grah ka nivāsī
extraterrestre (m)	अन्य नक्षत्र का निवासी (m)	any nakshatr ka nivāsī
alienígena (m)	अन्य नक्षत्र का निवासी (m)	any nakshatr ka nivāsī
disco (m) voador	उड़न तश्तरी (f)	uran tashtarī
nave (f) espacial	अंतरिक्ष विमान (m)	antariksh vimān
estação (f) orbital	अंतरिक्ष अड्डा (m)	antariksh adda

lançamento (m)	चालू करना (m)	chālū karana
motor (m)	इंजन (m)	injan
bocal (m)	नोज़ल (m)	nozal
combustível (m)	ईंधन (m)	īndhan

cabine (f)	केबिन (m)	kebin
antena (f)	एरियल (m)	eriyal
vigia (f)	विमान गवाक्ष (m)	vimān gavāksh
bateria (f) solar	सौर पेनल (m)	saur penal
traje (m) espacial	अंतरिक्ष पोशाक (m)	antariksh poshāk

| imponderabilidade (f) | भारहीनता (m) | bhārahīnata |
| oxigénio (m) | आक्सीजन (m) | āksījan |

| acoplagem (f) | डॉकिंग (f) | doking |
| fazer uma acoplagem | डॉकिंग करना | doking karana |

observatório (m)	वेधशाला (m)	vedhashāla
telescópio (m)	दूरबीन (f)	dūrabīn
observar (vt)	देखना	dekhana
explorar (vt)	जाँचना	jānchana

75. A Terra

Terra (f)	पृथ्वी (f)	prthvī
globo terrestre (Terra)	गोला (m)	gola
planeta (m)	ग्रह (m)	grah

atmosfera (f)	वातावरण (m)	vātāvaran
geografia (f)	भूगोल (m)	bhūgol
natureza (f)	प्रकृति (f)	prakrti

globo (mapa esférico)	गोलक (m)	golak
mapa (m)	नक्शा (m)	naksha
atlas (m)	मानचित्रावली (f)	mānachitrāvalī

Europa (f)	यूरोप (m)	yūrop
Ásia (f)	एशिया (f)	eshiya
África (f)	अफ्रीका (m)	afrīka
Austrália (f)	ऑस्ट्रेलिया (m)	ostreliya

América (f)	अमेरिका (f)	amerika
América (f) do Norte	उत्तरी अमेरिका (f)	uttarī amerika
América (f) do Sul	दक्षिणी अमेरिका (f)	dakshinī amerika

| Antártida (f) | अंटार्कटिक (m) | antārkatik |
| Ártico (m) | आर्कटिक (m) | ārkatik |

76. Pontos cardeais

| norte (m) | उत्तर (m) | uttar |
| para norte | उत्तर की ओर | uttar kī or |

| no norte | उत्तर में | uttar men |
| do norte | उत्तरी | uttarī |

sul (m)	दक्षिण (m)	dakshin
para sul	दक्षिण की ओर	dakshin kī or
no sul	दक्षिण में	dakshin men
do sul	दक्षिणी	dakshinī

oeste, ocidente (m)	पश्चिम (m)	pashchim
para oeste	पश्चिम की ओर	pashchim kī or
no oeste	पश्चिम में	pashchim men
ocidental	पश्चिमी	pashchimī

leste, oriente (m)	पूर्व (m)	pūrv
para leste	पूर्व की ओर	pūrv kī or
no leste	पूर्व में	pūrv men
oriental	पूर्वी	pūrvī

77. Mar. Oceano

mar (m)	सागर (m)	sāgar
oceano (m)	महासागर (m)	mahāsāgar
golfo (m)	खाड़ी (f)	khārī
estreito (m)	जलग्रीवा (m)	jalagrīva

continente (m)	महाद्वीप (m)	mahādvīp
ilha (f)	द्वीप (m)	dvīp
península (f)	प्रायद्वीप (m)	prāyadvīp
arquipélago (m)	द्वीप समूह (m)	dvīp samūh

baía (f)	तट-खाड़ी (f)	tat-khārī
porto (m)	बंदरगाह (m)	bandaragāh
lagoa (f)	लैगून (m)	laigūn
cabo (m)	अंतरीप (m)	antarīp

atol (m)	एटोल (m)	etol
recife (m)	रीफ़ (m)	rīf
coral (m)	प्रवाल (m)	pravāl
recife (m) de coral	प्रवाल रीफ़ (m)	pravāl rīf

profundo	गहरा	gahara
profundidade (f)	गहराई (f)	gaharaī
abismo (m)	रसातल (m)	rasātal
fossa (f) oceânica	गढ्ढा (m)	garha

| corrente (f) | धारा (f) | dhāra |
| banhar (vt) | घिरा होना | ghira hona |

| litoral (m) | किनारा (m) | kināra |
| costa (f) | तटबंध (m) | tatabandh |

maré (f) alta	ज्वार (m)	jvār
refluxo (m), maré (f) baixa	भाटा (m)	bhāta
restinga (f)	रेती (m)	retī

fundo (m)	तला (m)	tala
onda (f)	तरंग (f)	tarang
crista (f) da onda	तरंग शिखर (f)	tarang shikhar
espuma (f)	झाग (m)	jhāg
furacão (m)	तूफ़ान (m)	tufān
tsunami (m)	सुनामी (f)	sunāmī
calmaria (f)	शांत (m)	shānt
calmo	शांत	shānt
polo (m)	ध्रुव (m)	dhruv
polar	ध्रुवीय	dhruvīy
latitude (f)	अक्षांश (m)	akshānsh
longitude (f)	देशान्तर (m)	deshāntar
paralela (f)	समांतर-रेखा (f)	samāntar-rekha
equador (m)	भूमध्य रेखा (f)	bhūmadhy rekha
céu (m)	आकाश (f)	ākāsh
horizonte (m)	क्षितिज (m)	kshitij
ar (m)	हवा (f)	hava
farol (m)	प्रकाशस्तंभ (m)	prakāshastambh
mergulhar (vi)	गोता मारना	gota mārana
afundar-se (vr)	डूब जाना	dūb jāna
tesouros (m pl)	खज़ाना (m)	khazāna

78. Nomes de Mares e Oceanos

Oceano (m) Atlântico	अटलांटिक महासागर (m)	atalāntik mahāsāgar
Oceano (m) Índico	हिन्द महासागर (m)	hind mahāsāgar
Oceano (m) Pacífico	प्रशांत महासागर (m)	prashānt mahāsāgar
Oceano (m) Ártico	उत्तरी ध्रुव महासागर (m)	uttarī dhuv mahāsāgar
Mar (m) Negro	काला सागर (m)	kāla sāgar
Mar (m) Vermelho	लाल सागर (m)	lāl sāgar
Mar (m) Amarelo	पीला सागर (m)	pīla sāgar
Mar (m) Branco	सफ़ेद सागर (m)	safed sāgar
Mar (m) Cáspio	कैस्पियन सागर (m)	kaispiyan sāgar
Mar (m) Morto	मृत सागर (m)	mrt sāgar
Mar (m) Mediterrâneo	भूमध्य सागर (m)	bhūmadhy sāgar
Mar (m) Egeu	ईजियन सागर (m)	ījiyan sāgar
Mar (m) Adriático	एड्रिएटिक सागर (m)	edrietik sāgar
Mar (m) Arábico	अरब सागर (m)	arab sāgar
Mar (m) do Japão	जापान सागर (m)	jāpān sāgar
Mar (m) de Bering	बेरिंग सागर (m)	bering sāgar
Mar (m) da China Meridional	दक्षिण चीन सागर (m)	dakshin chīn sāgar
Mar (m) de Coral	कोरल सागर (m)	koral sāgar
Mar (m) de Tasman	तस्मान सागर (m)	tasmān sāgar
Mar (m) do Caribe	करिबियन सागर (m)	karibiyan sāgar

| Mar (m) de Barents | बैरेंट्स सागर (m) | bairents sāgar |
| Mar (m) de Kara | काड़ा सागर (m) | kāra sāgar |

Mar (m) do Norte	उत्तर सागर (m)	uttar sāgar
Mar (m) Báltico	बाल्टिक सागर (m)	bāltik sāgar
Mar (m) da Noruega	नार्वे सागर (m)	nārve sāgar

79. Montanhas

montanha (f)	पहाड़ (m)	pahār
cordilheira (f)	पर्वत माला (f)	parvat māla
serra (f)	पहाड़ों का सिलसिला (m)	pahāron ka silasila

| cume (m) | चोटी (f) | chotī |
| pico (m) | शिखर (m) | shikhar |

| sopé (m) | तलहटी (f) | talahatī |
| declive (m) | ढलान (f) | dhalān |

vulcão (m)	ज्वालामुखी (m)	jvālāmukhī
vulcão (m) ativo	सक्रिय ज्वालामुखी (m)	sakriy jvālāmukhī
vulcão (m) extinto	निष्क्रिय ज्वालामुखी (m)	nishkriy jvālāmukhī

erupção (f)	विस्फोटन (m)	visfotan
cratera (f)	ज्वालामुखी का मुख (m)	jvālāmukhī ka mukh
magma (m)	मैग्मा (m)	maigma

| lava (f) | लावा (m) | lāva |
| fundido (lava ~a) | पिघला हुआ | pighala hua |

desfiladeiro (m)	घाटी (m)	ghātī
garganta (f)	तंग घाटी (f)	tang ghātī
fenda (f)	दरार (m)	darār

| passo, colo (m) | मार्ग (m) | mārg |
| planalto (m) | पठार (m) | pathār |

| falésia (f) | शिला (f) | shila |
| colina (f) | टीला (m) | tīla |

| glaciar (m) | हिमनद (m) | himanad |
| queda (f) d'água | झरना (m) | jharana |

| géiser (m) | उष्ण जल स्रोत (m) | ushn jal srot |
| lago (m) | तालाब (m) | tālāb |

planície (f)	समतल प्रदेश (m)	samatal pradesh
paisagem (f)	परिदृश्य (m)	paridrshy
eco (m)	गूँज (f)	gūnj

alpinista (m)	पर्वतारोही (m)	parvatārohī
escalador (m)	पर्वतारोही (m)	parvatārohī
conquistar (vt)	चोटी पर पहुँचना	chotī par pahunchana
subida, escalada (f)	चढ़ाव (m)	charhāv

80. Nomes de montanhas

Alpes (m pl)	आल्पस (m)	ālpas
monte Branco (m)	मोन्ट ब्लैंक (m)	mont blaink
Pirineus (m pl)	पाइरीनीज़ (f pl)	pairīnīz
Cárpatos (m pl)	कार्पाथियेन्स (m)	kārpāthiyens
montes (m pl) Urais	यूरल (m)	yūral
Cáucaso (m)	कोकेशिया के पहाड़ (m)	kokeshiya ke pahār
Elbrus (m)	एल्ब्रस पर्वत (m)	elbras parvat
Altai (m)	अल्टाई पर्वत (m)	altaī parvat
Tian Shan (m)	तियान शान (m)	tiyān shān
Pamir (m)	पामीर पर्वत (m)	pāmīr parvat
Himalaias (m pl)	हिमालय (m)	himālay
monte (m) Everest	माउंट एवरेस्ट (m)	maunt evarest
Cordilheira (f) dos Andes	एंडीज़ (f pl)	endīz
Kilimanjaro (m)	किलीमन्जारो (m)	kilīmanjāro

81. Rios

rio (m)	नदी (f)	nadī
fonte, nascente (f)	झरना (m)	jharana
leito (m) do rio	नदी तल (m)	nadī tal
bacia (f)	बेसिन (m)	besin
desaguar no ...	गिरना	girana
afluente (m)	उपनदी (f)	upanadī
margem (do rio)	तट (m)	tat
corrente (f)	धारा (f)	dhāra
rio abaixo	बहाव के साथ	bahāv ke sāth
rio acima	बहाव के विरुद्ध	bahāv ke virūddh
inundação (f)	बाढ़ (f)	bārh
cheia (f)	बाढ़ (f)	bārh
transbordar (vi)	उमड़ना	umarana
inundar (vt)	पानी से भरना	pānī se bharana
banco (m) de areia	छिछला पानी (m)	chhichhala pānī
rápidos (m pl)	तेज़ उतार (m)	tez utār
barragem (f)	बांध (m)	bāndh
canal (m)	नहर (f)	nahar
reservatório (m) de água	जलाशय (m)	jalāshay
eclusa (f)	स्लूस (m)	slūs
corpo (m) de água	जल स्रोत (m)	jal srot
pântano (m)	दलदल (f)	daladal
tremedal (m)	दलदल (f)	daladal
remoinho (m)	भंवर (m)	bhanvar
arroio, regato (m)	झरना (m)	jharana

| potável | पीने का | pīne ka |
| doce (água) | ताज़ा | tāza |

| gelo (m) | बर्फ़ (m) | barf |
| congelar-se (vr) | जम जाना | jam jāna |

82. Nomes de rios

| rio Sena (m) | सीन (f) | sīn |
| rio Loire (m) | लॉयर (f) | loyar |

rio Tamisa (m)	थेम्स (f)	thems
rio Reno (m)	राइन (f)	rain
rio Danúbio (m)	डेन्यूब (f)	denyūb

rio Volga (m)	वोल्गा (f)	volga
rio Don (m)	डॉन (f)	don
rio Lena (m)	लेना (f)	lena

rio Amarelo (m)	ह्वांग हे (f)	hvāng he
rio Yangtzé (m)	यांग्त्ज़ी (f)	yāngtzī
rio Mekong (m)	मेकांग (f)	mekāng
rio Ganges (m)	गंगा (f)	ganga

rio Nilo (m)	नील (f)	nīl
rio Congo (m)	कांगो (f)	kāngo
rio Cubango (m)	ओकावान्गो (f)	okāvāngo
rio Zambeze (m)	ज़म्बेज़ी (f)	zambezī
rio Limpopo (m)	लिम्पोपो (f)	limpopo
rio Mississípi (m)	मिसिसिपी (f)	misisipī

83. Floresta

| floresta (f), bosque (m) | जंगल (m) | jangal |
| florestal | जंगली | jangalī |

mata (f) cerrada	घना जंगल (m)	ghana jangal
arvoredo (m)	उपवान (m)	upavān
clareira (f)	खुला छोटा मैदान (m)	khula chhota maidān

| matagal (m) | झाड़ियाँ (f pl) | jhāriyān |
| mato (m) | झाड़ियों भरा मैदान (m) | jhāriyon bhara maidān |

| vereda (f) | फुटपाथ (m) | futapāth |
| ravina (f) | नाली (f) | nālī |

árvore (f)	पेड़ (m)	per
folha (f)	पत्ता (m)	patta
folhagem (f)	पत्तियां (f)	pattiyān

| queda (f) das folhas | पतझड़ (m) | patajhar |
| cair (vi) | गिरना | girana |

topo (m)	शिखर (m)	shikhar
ramo (m)	टहनी (f)	tahanī
galho (m)	शाखा (f)	shākha
botão, rebento (m)	कलिका (f)	kalika
agulha (f)	सुई (f)	suī
pinha (f)	शंकुफल (m)	shankufal

buraco (m) de árvore	खोखला (m)	khokhala
ninho (m)	घोंसला (m)	ghonsala
toca (f)	बिल (m)	bil

tronco (m)	तना (m)	tana
raiz (f)	जड़ (f)	jar
casca (f) de árvore	छाल (f)	chhāl
musgo (m)	काई (f)	kaī

arrancar pela raiz	उखाड़ना	ukhārana
cortar (vt)	काटना	kātana
desflorestar (vt)	जंगल काटना	jangal kātana
toco, cepo (m)	ठूंठ (m)	thūnth

fogueira (f)	अलाव (m)	alāv
incêndio (m) florestal	जंगल की आग (f)	jangal kī āg
apagar (vt)	आग बुझाना	āg bujhāna

guarda-florestal (m)	वनरक्षक (m)	vanarakshak
proteção (f)	रक्षा (f)	raksha
proteger (a natureza)	रक्षा करना	raksha karana
caçador (m) furtivo	चोर शिकारी (m)	chor shikārī
armadilha (f)	फंदा (m)	fanda

| colher (cogumelos, bagas) | बटोरना | batorana |
| perder-se (vr) | रास्ता भूलना | rāsta bhūlana |

84. Recursos naturais

recursos (m pl) naturais	प्राकृतिक संसाधन (m pl)	prākrtik sansādhan
minerais (m pl)	खनिज पदार्थ (m pl)	khanij padārth
depósitos (m pl)	तह (f pl)	tah
jazida (f)	क्षेत्र (m)	kshetr

extrair (vt)	खोदना	khodana
extração (f)	खनिकर्म (m)	khanikarm
minério (m)	अयस्क (m)	ayask
mina (f)	खान (f)	khān
poço (m) de mina	शैफ़्ट (m)	shaifat
mineiro (m)	खनिक (m)	khanik

| gás (m) | गैस (m) | gais |
| gasoduto (m) | गैस पाइप लाइन (m) | gais paip lain |

petróleo (m)	पेट्रोल (m)	petrol
oleoduto (m)	तेल पाइप लाइन (m)	tel paip lain
poço (m) de petróleo	तेल का कुँआ (m)	tel ka kuna

| torre (f) petrolífera | डेरिक (m) | derik |
| petroleiro (m) | टैंकर (m) | tainkar |

areia (f)	रेत (m)	ret
calcário (m)	चूना पत्थर (m)	chūna patthar
cascalho (m)	बजरी (f)	bajarī
turfa (f)	पीट (m)	pīt
argila (f)	मिट्टी (f)	mittī
carvão (m)	कोयला (m)	koyala

ferro (m)	लोहा (m)	loha
ouro (m)	सोना (m)	sona
prata (f)	चाँदी (f)	chāndī
níquel (m)	गिलट (m)	gilat
cobre (m)	ताँबा (m)	tānba

zinco (m)	जस्ता (m)	jasta
manganês (m)	अयस (m)	ayas
mercúrio (m)	पारा (f)	pāra
chumbo (m)	सीसा (f)	sīsa

mineral (m)	खनिज (m)	khanij
cristal (m)	क्रिस्टल (m)	kristal
mármore (m)	संगमरमर (m)	sangamaramar
urânio (m)	यूरेनियम (m)	yūreniyam

85. Tempo

tempo (m)	मौसम (m)	mausam
previsão (f) do tempo	मौसम का पूर्वानुमान (m)	mausam ka pūrvānumān
temperatura (f)	तापमान (m)	tāpamān
termómetro (m)	थर्मामीटर (m)	tharmāmītar
barómetro (m)	बैरोमीटर (m)	bairomītar

humidade (f)	नमी (f)	namī
calor (m)	गरमी (f)	garamī
cálido	गरम	garam
está muito calor	गरमी है	garamī hal

| está calor | गरम है | garam hai |
| quente | गरम | garam |

| está frio | ठंडक है | thandak hai |
| frio | ठंडा | thanda |

sol (m)	सूरज (m)	sūraj
brilhar (vi)	चमकना	chamakana
de sol, ensolarado	धूपदार	dhūpadār
nascer (vi)	उगना	ugana
pôr-se (vr)	डूबना	dūbana

nuvem (f)	बादल (m)	bādal
nublado	मेघाच्छादित	meghāchchhādit
nuvem (f) preta	घना बादल (m)	ghana bādal

escuro, cinzento	बदली	badalī
chuva (f)	बारिश (f)	bārish
está a chover	बारिश हो रही है	bārish ho rahī hai
chuvoso	बरसाती	barasātī
chuviscar (vi)	बूंदाबांदी होना	būndābāndī hona
chuva (f) torrencial	मूसलधार बारिश (f)	mūsaladhār bārish
chuvada (f)	मूसलधार बारिश (f)	mūsaladhār bārish
forte (chuva)	भारी	bhārī
poça (f)	पोखर (m)	pokhar
molhar-se (vr)	भीगना	bhīgana
nevoeiro (m)	कुहरा (m)	kuhara
de nevoeiro	कुहरेदार	kuharedār
neve (f)	बर्फ़ (f)	barf
está a nevar	बर्फ़ पड़ रही है	barf par rahī hai

86. Tempo extremo. Catástrofes naturais

trovoada (f)	गरजवाला तुफ़ान (m)	garajavāla tufān
relâmpago (m)	बिजली (m)	bijalī
relampejar (vi)	चमकना	chamakana
trovão (m)	गरज (m)	garaj
trovejar (vi)	बादल गरजना	bādal garajana
está a trovejar	बादल गरज रहा है	bādal garaj raha hai
granizo (m)	ओला (m)	ola
está a cair granizo	ओले पड़ रहे हैं	ole par rahe hain
inundar (vt)	बाढ़ आ जाना	bārh ā jāna
inundação (f)	बाढ़ (f)	bārh
terremoto (m)	भूकंप (m)	bhūkamp
abalo, tremor (m)	झटका (m)	jhataka
epicentro (m)	अधिकेंद्र (m)	adhikendr
erupção (f)	उद्गार (m)	udgār
lava (f)	लावा (m)	lāva
turbilhão (m)	बवंडर (m)	bavandar
tornado (m)	टोर्नेडो (m)	tornedo
tufão (m)	रतूफ़ान (m)	ratūfān
furacão (m)	समुद्री तूफ़ान (m)	samudrī tūfān
tempestade (f)	तूफ़ान (m)	tufān
tsunami (m)	सुनामी (f)	sunāmī
ciclone (m)	चक्रवात (m)	chakravāt
mau tempo (m)	ख़राब मौसम (m)	kharāb mausam
incêndio (m)	आग (m)	āg
catástrofe (f)	प्रलय (m)	pralay
meteorito (m)	उल्का पिंड (m)	ulka pind
avalanche (f)	हिमस्खलन (m)	himaskhalan

deslizamento (m) de neve	हिमस्खलन (m)	himaskhalan
nevasca (f)	बर्फ़ का तुफ़ान (m)	barf ka tufān
tempestade (f) de neve	बर्फ़ीला तुफ़ान (m)	barfila tufān

FAUNA

87. Mamíferos. Predadores

predador (m)	परभक्षी (m)	parabhakshī
tigre (m)	बाघ (m)	bāgh
leão (m)	शेर (m)	sher
lobo (m)	भेड़िया (m)	bheriya
raposa (f)	लोमड़ी (f)	lomri
jaguar (m)	जागुआर (m)	jāguãr
leopardo (m)	तेंदुआ (m)	tendua
chita (f)	चीता (m)	chīta
pantera (f)	काला तेंदुआ (m)	kāla tendua
puma (m)	पहाड़ी बिलाव (m)	pahādī bilāv
leopardo-das-neves (m)	हिम तेंदुआ (m)	him tendua
lince (m)	वन बिलाव (m)	van bilāv
coiote (m)	कोयोट (m)	koyot
chacal (m)	गीदड़ (m)	gīdar
hiena (f)	लकड़बग्घा (m)	lakarabaggha

88. Animais selvagens

animal (m)	जानवर (m)	jānavar
besta (f)	जानवर (m)	jānavar
esquilo (m)	गिलहरी (f)	gilaharī
ouriço (m)	कांटा-चूहा (m)	kānta-chūha
lebre (f)	खरगोश (m)	kharagosh
coelho (m)	खरगोश (m)	kharagosh
texugo (m)	बिज्जू (m)	bijjū
guaxinim (m)	रैकून (m)	raikūn
hamster (m)	हैम्स्टर (m)	haimstar
marmota (f)	मारमोट (m)	māramot
toupeira (f)	छछूंदर (m)	chhachhūndar
rato (m)	चूहा (m)	chūha
ratazana (f)	घूस (m)	ghūs
morcego (m)	चमगादड़ (m)	chamagādar
arminho (m)	नेवला (m)	nevala
zibelina (f)	सेबल (m)	sebal
marta (f)	मारटेन (m)	māraten
doninha (f)	नेवला (m)	nevala
vison (m)	मिंक (m)	mink

| castor (m) | ऊदबिलाव (m) | ūdabilāv |
| lontra (f) | ऊदबिलाव (m) | ūdabilāv |

cavalo (m)	घोड़ा (m)	ghora
alce (m)	मूस (m)	mūs
veado (m)	हिरण (m)	hiran
camelo (m)	ऊंट (m)	ūnt

bisão (m)	बाइसन (m)	baisan
auroque (m)	जंगली बैल (m)	jangalī bail
búfalo (m)	भैंस (m)	bhains

zebra (f)	ज़ेबरा (m)	zebara
antílope (m)	मृग (f)	mrg
corça (f)	मृग्नी (f)	mrgnī
gamo (m)	चीतल (m)	chītal
camurça (f)	शैमी (f)	shaimī
javali (m)	जंगली सुआर (m)	jangalī suār

baleia (f)	ह्वेल (f)	hvel
foca (f)	सील (m)	sīl
morsa (f)	वॉलरस (m)	volaras
urso-marinho (m)	फर सील (f)	far sīl
golfinho (m)	डॉलफ़िन (f)	dolafin

urso (m)	रीछ (m)	rīchh
urso (m) branco	सफ़ेद रीछ (m)	safed rīchh
panda (m)	पांडा (m)	pānda

macaco (em geral)	बंदर (m)	bandar
chimpanzé (m)	वनमानुष (m)	vanamānush
orangotango (m)	वनमानुष (m)	vanamānush
gorila (m)	गोरिला (m)	gorila
macaco (m)	अफ़्रीकन लंगूर (m)	afrikan langūr
gibão (m)	गिब्बन (m)	gibban

elefante (m)	हाथी (m)	hāthī
rinoceronte (m)	गैंडा (m)	gainda
girafa (f)	जिराफ़ (m)	jirāf
hipopótamo (m)	दरियाई घोड़ा (m)	dariyaī ghora

| canguru (m) | कंगारू (m) | kangārū |
| coala (m) | कोआला (m) | koāla |

mangusto (m)	नेवला (m)	nevala
chinchila (m)	चिनचीला (f)	chinachīla
doninha-fedorenta (f)	स्कंक (m)	skank
porco-espinho (m)	शल्यक (f)	shalyak

89. Animais domésticos

gata (f)	बिल्ली (f)	billī
gato (m) macho	बिल्ला (m)	billa
cão (m)	कुत्ता (m)	kutta

cavalo (m)	घोड़ा (m)	ghora
garanhão (m)	घोड़ा (m)	ghora
égua (f)	घोड़ी (f)	ghorī

vaca (f)	गाय (f)	gāy
touro (m)	बैल (m)	bail
boi (m)	बैल (m)	bail

ovelha (f)	भेड़ (f)	bher
carneiro (m)	भेड़ा (m)	bhera
cabra (f)	बकरी (f)	bakarī
bode (m)	बकरा (m)	bakara

burro (m)	गधा (m)	gadha
mula (f)	खच्चर (m)	khachchar

porco (m)	सुअर (m)	suar
leitão (m)	घेंटा (m)	ghenta
coelho (m)	खरगोश (m)	kharagosh

galinha (f)	मुर्गी (f)	murgī
galo (m)	मुर्गी (m)	murga

pata (f)	बत्तख़ (f)	battakh
pato (macho)	नर बत्तख़ (m)	nar battakh
ganso (m)	हंस (m)	hans

peru (m)	नर टर्की (m)	nar tarkī
perua (f)	टर्की (f)	tarkī

animais (m pl) domésticos	घरेलू पशु (m pl)	gharelū pashu
domesticado	पालतू	pālatū
domesticar (vt)	पालतू बनाना	pālatū banāna
criar (vt)	पालना	pālana

quinta (f)	खेत (m)	khet
aves (f pl) domésticas	मुर्गी पालन (f)	murgī pālan
gado (m)	मवेशी (m)	maveshī
rebanho (m), manada (f)	पशु समूह (m)	pashu samūh

estábulo (m)	अस्तबल (m)	astabal
pocilga (f)	सूअरखाना (m)	sūarakhāna
estábulo (m)	गोशाला (f)	goshāla
coelheira (f)	खरगोश का दरबा (m)	kharagosh ka daraba
galinheiro (m)	मुर्गीखाना (m)	murgīkhāna

90. Pássaros

pássaro (m), ave (f)	चिड़िया (f)	chiriya
pombo (m)	कबूतर (m)	kabūtar
pardal (m)	गौरया (m)	gauraiya
chapim-real (m)	टिटरी (f)	titarī
pega-rabuda (f)	नीलकण्ठ पक्षी (f)	nīlakanth pakshī
corvo (m)	काला कौआ (m)	kāla kaua

gralha (f) cinzenta	कौआ (m)	kaua
gralha-de-nuca-cinzenta (f)	कौआ (m)	kaua
gralha-calva (f)	कौआ (m)	kaua

pato (m)	बत्तख़ (f)	battakh
ganso (m)	हंस (m)	hans
faisão (m)	तीतर (m)	tītar

águia (f)	चील (f)	chīl
açor (m)	बाज़ (m)	bāz
falcão (m)	बाज़ (m)	bāz
abutre (m)	गिद्ध (m)	giddh
condor (m)	कॉन्डोर (m)	kondor

cisne (m)	राजहंस (m)	rājahans
grou (m)	सारस (m)	sāras
cegonha (f)	लकलक (m)	lakalak

papagaio (m)	तोता (m)	tota
beija-flor (m)	हमिंग बर्ड (f)	haming bard
pavão (m)	मोर (m)	mor

avestruz (m)	शुतुरमुर्ग (m)	shuturamurg
garça (f)	बगुला (f)	bagula
flamingo (m)	फ़्लेमिन्गो (m)	flemingo
pelicano (m)	हवासिल (m)	havāsil

| rouxinol (m) | बुलबुल (m) | bulabul |
| andorinha (f) | अबाबील (f) | abābīl |

tordo-zornal (m)	मुखव्रण (f)	mukhavran
tordo-músico (m)	मुखव्रण (f)	mukhavran
melro-preto (m)	ब्लैकबर्ड (m)	blaikabard

andorinhão (m)	बतासी (f)	batāsī
cotovia (f)	भरत (m)	bharat
codorna (f)	वर्तक (m)	varttak

pica-pau (m)	कठफोड़ा (m)	kathafora
cuco (m)	कोयल (f)	koyal
coruja (f)	उल्लू (m)	ullū
corujão, bufo (m)	गरूड़ उल्लू (m)	garūr ullū
tetraz-grande (m)	तीतर (m)	tītar
tetraz-lira (m)	काला तीतर (m)	kāla tītar
perdiz-cinzenta (f)	चकोर (m)	chakor

estorninho (m)	तिलिया (f)	tiliya
canário (m)	कनारी (f)	kanārī
galinha-do-mato (f)	पिंगल तीतर (m)	pingal tītar

| tentilhão (m) | फ़्रिंच (m) | finch |
| dom-fafe (m) | बुलफ़्रिंच (m) | bulafinch |

gaivota (f)	गंगा-चिल्ली (f)	ganga-chillī
albatroz (m)	अल्बात्रोस (m)	albātros
pinguim (m)	पेंगुइन (m)	penguin

91. Peixes. Animais marinhos

brema (f)	ब्रीम (f)	brīm
carpa (f)	कार्प (f)	kārp
perca (f)	पर्च (f)	parch
siluro (m)	कैटफ़िश (f)	kaitafish
lúcio (m)	पाइक (f)	paik
salmão (m)	सैल्मन (f)	sailman
esturjão (m)	स्टर्जन (f)	starjan
arenque (m)	हेरिंग (f)	hering
salmão (m)	अटलांटिक सैल्मन (f)	atalāntik sailman
cavala, sarda (f)	माक्रैल (f)	mākrail
solha (f)	फ़्लैटफ़िश (f)	flaitafish
lúcio perca (m)	पाइक पर्च (f)	paik parch
bacalhau (m)	कॉड (f)	kod
atum (m)	टूना (f)	tūna
truta (f)	ट्राउट (f)	traut
enguia (f)	सर्पमीन (f)	sarpamīn
raia elétrica (f)	विद्युत शंकुश (f)	vidyut shankush
moreia (f)	मोरे सर्पमीन (f)	more sarpamīn
piranha (f)	पिरान्हा (f)	pirānha
tubarão (m)	शार्क (f)	shārk
golfinho (m)	डॉलफ़िन (f)	dolafin
baleia (f)	ह्वेल (f)	hvel
caranguejo (m)	केकड़ा (m)	kekara
medusa, alforreca (f)	जेली फ़िश (f)	jelī fish
polvo (m)	आक्टोपस (m)	āktopas
estrela-do-mar (f)	स्टार फ़िश (f)	stār fish
ouriço-do-mar (m)	जलसाही (f)	jalasāhī
cavalo-marinho (m)	समुद्री घोड़ा (m)	samudrī ghora
ostra (f)	कस्तूरा (m)	kastūra
camarão (m)	झींगा (f)	jhīnga
lavagante (m)	लॉब्सटर (m)	lobsatar
lagosta (f)	स्पाइनी लॉब्सटर (m)	spainī lobsatar

92. Amfíbios. Répteis

serpente, cobra (f)	सर्प (m)	sarp
venenoso	विषैला	vishaila
víbora (f)	वाइपर (m)	vaipar
cobra-capelo, naja (f)	नाग (m)	nāg
pitão (m)	अजगर (m)	ajagar
jiboia (f)	अजगर (m)	ajagar
cobra-de-água (f)	साँप (f)	sānp

| cascavel (f) | रैटल सर्प (m) | raital sarp |
| anaconda (f) | एनाकोन्डा (f) | enākonda |

lagarto (m)	छिपकली (f)	chhipakalī
iguana (f)	इग्युएना (m)	igyūena
varano (m)	मॉनिटर छिपकली (f)	monitar chhipakalī
salamandra (f)	सैलामैंडर (m)	sailāmaindar
camaleão (m)	गिरगिट (m)	giragit
escorpião (m)	वृश्चिक (m)	vrshchik

tartaruga (f)	कछुआ (m)	kachhua
rã (f)	मेंढक (m)	mendhak
sapo (m)	भेक (m)	bhek
crocodilo (m)	मगर (m)	magar

93. Insetos

inseto (m)	कीट (m)	kīt
borboleta (f)	तितली (f)	titalī
formiga (f)	चींटी (f)	chīntī
mosca (f)	मक्खी (f)	makkhī
mosquito (m)	मच्छर (m)	machchhar
escaravelho (m)	भृंग (m)	bhrng

vespa (f)	हड्डा (m)	hadda
abelha (f)	मधुमक्खी (f)	madhumakkhī
mamangava (f)	भंवरा (m)	bhanvara
moscardo (m)	गोमक्खी (f)	gomakkhī

| aranha (f) | मकड़ी (f) | makarī |
| teia (f) de aranha | मकड़ी का जाल (m) | makarī ka jāl |

libélula (f)	व्याध-पतंग (m)	vyādh-patang
gafanhoto-do-campo (m)	टिड्डा (m)	tidda
traça (f)	पतंगा (m)	patanga

barata (f)	तिलचट्टा (m)	tilachatta
carraça (f)	जुँआ (m)	juna
pulga (f)	पिस्सू (m)	pissū
borrachudo (m)	भुनगा (m)	bhunaga

gafanhoto (m)	टिड्डी (f)	tiddī
caracol (m)	घोंघा (m)	ghongha
grilo (m)	झींगुर (m)	jhīngur
pirilampo (m)	जुगनू (m)	juganū
joaninha (f)	सोनपंखी (f)	sonapankhī
besouro (m)	कोकचाफ़ (m)	kokachāf

sanguessuga (f)	जोक (m)	jok
lagarta (f)	इल्ली (f)	illī
minhoca (f)	केंचुआ (m)	kenchua
larva (f)	कीटडिंभ (m)	kītadimbh

FLORA

94. Árvores

árvore (f)	पेड़ (m)	per
decídua	पर्णपाती	parnapātī
conífera	शंकुधर	shankudhar
perene	सदाबहार	sadābahār
macieira (f)	सेब वृक्ष (m)	seb vrksh
pereira (f)	नाशपाती का पेड़ (m)	nāshpātī ka per
cerejeira, ginjeira (f)	चेरी का पेड़ (f)	cherī ka per
ameixeira (f)	आलूबुख़ारे का पेड़ (m)	ālūbukhāre ka per
bétula (f)	सनोबर का पेड़ (m)	sanobar ka per
carvalho (m)	बलूत (m)	balūt
tília (f)	लिनडेन वृक्ष (m)	linaden vrksh
choupo-tremedor (m)	आस्पेन वृक्ष (m)	āspen vrksh
bordo (m)	मेपल (m)	mepal
espruce-europeu (m)	फर का पेड़ (m)	far ka per
pinheiro (m)	देवदार (m)	devadār
alerce, lariço (m)	लार्च (m)	lārch
abeto (m)	फर (m)	far
cedro (m)	देवदर (m)	devadar
choupo, álamo (m)	पोप्लर वृक्ष (m)	poplar vrksh
tramazeira (f)	रोवाण (m)	rovān
salgueiro (m)	विलो (f)	vilo
amieiro (m)	आल्डर वृक्ष (m)	āldar vrksh
faia (f)	बीच (m)	bīch
ulmeiro (m)	एल्म वृक्ष (m)	elm vrksh
freixo (m)	एश-वृक्ष (m)	esh-vrksh
castanheiro (m)	चेस्टनट (m)	chestanat
magnólia (f)	मैगनोलिया (f)	maiganoliya
palmeira (f)	ताड़ का पेड़ (m)	tār ka per
cipreste (m)	सरो (m)	saro
mangue (m)	मैनग्रोव (m)	mainagrov
embondeiro, baobá (m)	गोरक्षी (m)	gorakshī
eucalipto (m)	यूकेलिप्टस (m)	yūkeliptas
sequoia (f)	सेकोइया (f)	sekoiya

95. Arbustos

arbusto (m)	झाड़ी (f)	jhārī
arbusto (m), moita (f)	झाड़ी (f)	jhārī

videira (f)	अंगूर की बेल (f)	angūr kī bel
vinhedo (m)	अंगूर का बाग़ (m)	angūr ka bāg
framboeseira (f)	रास्पबेरी की झाड़ी (f)	rāspaberī kī jhārī
groselheira-vermelha (f)	लाल करेंट की झाड़ी (f)	lāl karent kī jhārī
groselheira (f) espinhosa	गूज़बेरी की झाड़ी (f)	gūzaberī kī jhārī
acácia (f)	ऐकेशिय (m)	aikeshiy
bérberis (f)	बारबेरी झाड़ी (f)	bāraberī jhārī
jasmim (m)	चमेली (f)	chamelī
junípero (m)	जूनिपर (m)	jūnipar
roseira (f)	गुलाब की झाड़ी (f)	gulāb kī jhārī
roseira (f) brava	जंगली गुलाब (m)	jangalī gulāb

96. Frutos. Bagas

fruta (f)	फल (m)	fal
frutas (f pl)	फल (m pl)	fal
maçã (f)	सेब (m)	seb
pera (f)	नाश्पाती (f)	nāshpātī
ameixa (f)	आलूबुखारा (m)	ālūbukhāra
morango (m)	स्ट्रॉबेरी (f)	stroberī
ginja, cereja (f)	चेरी (f)	cherī
uva (f)	अंगूर (m)	angūr
framboesa (f)	रास्पबेरी (f)	rāspaberī
groselha (f) preta	काली करेंट (f)	kālī karent
groselha (f) vermelha	लाल करेंट (f)	lāl karent
groselha (f) espinhosa	गूज़बेरी (f)	gūzaberī
oxicoco (m)	क्रेनबेरी (f)	krenaberī
laranja (f)	संतरा (m)	santara
tangerina (f)	नारंगी (f)	nārangī
ananás (m)	अनानास (m)	anānās
banana (f)	केला (m)	kela
tâmara (f)	खजूर (m)	khajūr
limão (m)	नींबू (m)	nīmbū
damasco (m)	खूबानी (f)	khūbānī
pêssego (m)	आड़ू (m)	ārū
kiwi (m)	चीकू (m)	chīkū
toranja (f)	ग्रेपफ्रूट (m)	grepafrūt
baga (f)	बेरी (f)	berī
bagas (f pl)	बेरियां (f pl)	beriyān
arando (m) vermelho	काओबेरी (f)	kaoberī
morango-silvestre (m)	जंगली स्ट्रॉबेरी (f)	jangalī stroberī
mirtilo (m)	बिलबेरी (f)	bilaberī

97. Flores. Plantas

flor (f)	फूल (m)	fūl
ramo (m) de flores	गुलदस्ता (m)	guladasta
rosa (f)	गुलाब (f)	gulāb
tulipa (f)	ट्यूलिप (m)	tyūlip
cravo (m)	गुलनार (m)	gulanār
gladíolo (m)	ग्लेडियोलस (m)	glediyolas
centáurea (f)	नीलकूपी (m)	nīlakūpī
campânula (f)	ब्लूबेल (m)	blūbel
dente-de-leão (m)	कुकरौंधा (m)	kukaraundha
camomila (f)	कैमोमाइल (m)	kaimomail
aloé (m)	मुसब्बर (m)	musabbar
cato (m)	कैक्टस (m)	kaiktas
fícus (m)	रबड़ का पौधा (m)	rabar ka paudha
lírio (m)	कुमुदिनी (f)	kumudinī
gerânio (m)	जरेनियम (m)	jeraniyam
jacinto (m)	हायसिंथ (m)	hāyasinth
mimosa (f)	मिमोसा (m)	mimosa
narciso (m)	नरगिस (f)	naragis
capuchinha (f)	नस्टाशयम (m)	nastāshayam
orquídea (f)	आर्किड (m)	ārkid
peónia (f)	पियोनी (m)	piyonī
violeta (f)	वॉयलेट (m)	voyalet
amor-perfeito (m)	पैंज़ी (m pl)	painzī
não-me-esqueças (m)	फगैंट मी नाट (m)	fargent mī nāt
margarida (f)	गुलबहार (f)	gulabahār
papoula (f)	खशखाश (m)	khashakhāsh
cânhamo (m)	भांग (f)	bhāng
hortelã (f)	पुदीना (m)	pudīna
lírio-do-vale (m)	कामुदिनी (f)	kāmudinī
campânula-branca (f)	सफ़ेद फूल (m)	safed fūl
urtiga (f)	बिच्छू बूटी (f)	bichchhū būtī
azeda (f)	सोरेल (m)	sorel
nenúfar (m)	कुमुदिनी (f)	kumudinī
feto (m), samambaia (f)	फने (m)	farn
líquen (m)	शैवाक (m)	shaivāk
estufa (f)	शीशाघर (m)	shīshāghar
relvado (m)	घास का मैदान (m)	ghās ka maidān
canteiro (m) de flores	फुलवारी (f)	fulavārī
planta (f)	पौधा (m)	paudha
erva (f)	घास (f)	ghās
folha (f) de erva	तिनका (m)	tinaka

folha (f)	पत्ती (f)	pattī
pétala (f)	पंखड़ी (f)	pankharī
talo (m)	डंडी (f)	dandī
tubérculo (m)	कंद (m)	kand

| broto, rebento (m) | अंकुर (m) | ankur |
| espinho (m) | कांटा (m) | kānta |

florescer (vi)	खिलना	khilana
murchar (vi)	मुरझाना	murajhāna
cheiro (m)	बू (m)	bū
cortar (flores)	काटना	kātana
colher (uma flor)	तोड़ना	torana

98. Cereais, grãos

grão (m)	दाना (m)	dāna
cereais (plantas)	अनाज की फ़सलें (m pl)	anāj kī fasalen
espiga (f)	बाल (f)	bāl

trigo (m)	गेहूं (m)	gehūn
centeio (m)	रई (f)	raī
aveia (f)	जई (f)	jaī
milho-miúdo (m)	बाजरा (m)	bājara
cevada (f)	जौ (m)	jau

milho (m)	मक्का (m)	makka
arroz (m)	चावल (m)	chāval
trigo-sarraceno (m)	मोथी (m)	mothī

ervilha (f)	मटर (m)	matar
feijão (m)	राजमा (f)	rājama
soja (f)	सोया (m)	soya
lentilha (f)	दाल (m)	dāl
fava (f)	फली (f pl)	falī

PAÍSES DO MUNDO

99. Países. Parte 1

Afeganistão (m)	अफ़ग़ानिस्तान (m)	afagānistān
África do Sul (f)	दक्षिण अफ्रीका (m)	dakshin afrīka
Albânia (f)	अल्बानिया (m)	albāniya
Alemanha (f)	जर्मन (m)	jarman
Arábia (f) Saudita	सऊदी अरब (m)	saūdī arab
Argentina (f)	अर्जेंटीना (m)	arjentīna
Arménia (f)	आर्मीनिया (m)	ārmīniya
Austrália (f)	आस्ट्रेलिया (m)	āstreliya
Áustria (f)	ऑस्ट्रिया (m)	ostriya
Azerbaijão (m)	आज़रबाइजान (m)	āzarabaijān
Bahamas (f pl)	बहामा (m)	bahāma
Bangladesh (m)	बांग्लादेश (m)	bānglādesh
Bélgica (f)	बेल्जियम (m)	beljiyam
Bielorrússia (f)	बेलारूस (m)	belārūs
Bolívia (f)	बोलीविया (m)	bolīviya
Bósnia e Herzegovina (f)	बोस्निया और हर्ज़ेगोविना	bosniya aur harzegovina
Brasil (m)	ब्राज़ील (m)	brāzīl
Bulgária (f)	बुल्गारिया (m)	bulgāriya
Camboja (f)	कम्बोडिया (m)	kambodiya
Canadá (m)	कनाडा (m)	kanāda
Cazaquistão (m)	कज़ाकस्तान (m)	kazākastān
Chile (m)	चिली (m)	chilī
China (f)	चीन (m)	chīn
Chipre (m)	साइप्रस (m)	saipras
Colômbia (f)	कोलम्बिया (m)	kolambiya
Coreia do Norte (f)	उत्तर कोरिया (m)	uttar koriya
Coreia do Sul (f)	दक्षिण कोरिया (m)	dakshin koriya
Croácia (f)	क्रोएशिया (m)	kroeshiya
Cuba (f)	क्यूबा (m)	kyūba
Dinamarca (f)	डेन्मार्क (m)	denmārk
Egito (m)	मिस्र (m)	misr
Emirados Árabes Unidos	संयुक्त अरब अमीरात (m)	sanyukt arab amīrāt
Equador (m)	इक्वेडोर (m)	ikvedor
Escócia (f)	स्कॉटलैंड (m)	skotalaind
Eslováquia (f)	स्लोवाकिया (m)	slovākiya
Eslovénia (f)	स्लोवेनिया (m)	sloveniya
Espanha (f)	स्पेन (m)	spen
Estados Unidos da América	संयुक्त राज्य अमरीका (m)	sanyukt rājy amarīka
Estónia (f)	एस्तोनिया (m)	estoniya
Finlândia (f)	फ़िनलैंड (m)	finalaind
França (f)	फ्रांस (m)	frāns

100. Países. Parte 2

Gana (f)	घाना (m)	ghāna
Geórgia (f)	जॉर्जिया (m)	jorjiya
Grã-Bretanha (f)	ग्रेट ब्रिटेन (m)	gret briten
Grécia (f)	ग्रीस (m)	grīs
Haiti (m)	हाइटी (m)	haitī
Hungria (f)	हंगरी (m)	hangarī
Índia (f)	भारत (m)	bhārat
Indonésia (f)	इण्डोनेशिया (m)	indoneshiya
Inglaterra (f)	इंग्लैंड (m)	inglaind
Irão (m)	इरान (m)	irān
Iraque (m)	इराक़ (m)	irāq
Irlanda (f)	आयरलैंड (m)	āyaralaind
Islândia (f)	आयसलैंड (m)	āyasalaind
Israel (m)	इस्रायल (m)	isrāyal
Itália (f)	इटली (m)	italī
Jamaica (f)	जमैका (m)	jamaika
Japão (m)	जापान (m)	jāpān
Jordânia (f)	जॉर्डन (m)	jordan
Kuwait (m)	कुवैत (m)	kuvait
Laos (m)	लाओस (m)	laos
Letónia (f)	लाटविया (m)	lātaviya
Líbano (m)	लेबनान (m)	lebanān
Líbia (f)	लीबिया (m)	lībiya
Liechtenstein (m)	लिकटेंस्टीन (m)	likatenstīn
Lituânia (f)	लिथुआनिया (m)	lithuāniya
Luxemburgo (m)	लक्ज़मबर्ग (m)	lakzamabarg
Macedónia (f)	मेसेडोनिया (m)	mesedoniya
Madagáscar (m)	मडागास्कार (m)	madāgāskār
Malásia (f)	मलेशिया (m)	maleshiya
Malta (f)	माल्टा (m)	mālta
Marrocos	मोरक्को (m)	morakko
México (m)	मेक्सिको (m)	meksiko
Myanmar (m), Birmânia (f)	म्यांमर (m)	myāmmar
Moldávia (f)	मोलदोवा (m)	moladova
Mónaco (m)	मोनाको (m)	monāko
Mongólia (f)	मंगोलिया (m)	mangoliya
Montenegro (m)	मोंटेनेग्रो (m)	montenegro
Namíbia (f)	नामीबिया (m)	nāmībiya
Nepal (m)	नेपाल (m)	nepāl
Noruega (f)	नार्वे (m)	nārve
Nova Zelândia (f)	न्यू ज़ीलैंड (m)	nyū zīlaind

101. Países. Parte 3

| Países (m pl) Baixos | नीदरलैंड्स (m) | nīdaralainds |
| Palestina (f) | फिलिस्तीन (m) | filistīn |

Panamá (m)	पनामा (m)	panāma
Paquistão (m)	पाकिस्तान (m)	pākistān
Paraguai (m)	परागुआ (m)	parāgua
Peru (m)	पेरू (m)	perū
Polinésia Francesa (f)	फ्रेंच पॉलीनेशिया (m)	french polīneshiya
Polónia (f)	पोलैंड (m)	polaind
Portugal (m)	पुर्तगाल (m)	purtagāl
Quénia (f)	केन्या (m)	kenya
Quirguistão (m)	किर्गीज़िया (m)	kirgīziya
República (f) Checa	चेक गणतंत्र (m)	chek ganatantr
República (f) Dominicana	डोमिनिकन रिपब्लिक (m)	dominikan ripablik
Roménia (f)	रोमानिया (m)	romāniya
Rússia (f)	रूस (m)	rūs
Senegal (m)	सेनेगाल (m)	senegāl
Sérvia (f)	सर्बिया (m)	sarbiya
Síria (f)	सीरिया (m)	sīriya
Suécia (f)	स्वीडन (m)	svīdan
Suíça (f)	स्विट्ज़रलैंड (m)	svitzaralaind
Suriname (m)	सूरीनाम (m)	sūrīnām
Tailândia (f)	थाईलैंड (m)	thaīlaind
Taiwan (m)	ताइवान (m)	taivān
Tajiquistão (m)	ताजिकिस्तान (m)	tājikistān
Tanzânia (f)	तंजानिया (m)	tanzāniya
Tasmânia (f)	तास्मानिया (m)	tāsmāniya
Tunísia (f)	ट्यूनीसिया (m)	tyunīsiya
Turquemenistão (m)	तुर्कमानिस्तान (m)	turkamānistān
Turquia (f)	तुर्की (m)	turkī
Ucrânia (f)	यूक्रेन (m)	yūkren
Uruguai (m)	उरुग्वे (m)	urugve
Uzbequistão (f)	उज़्बेकिस्तान (m)	uzbekistān
Vaticano (m)	वेटिकन (m)	vetikan
Venezuela (f)	वेनेज़ुएला (m)	venezuela
Vietname (m)	वियतनाम (m)	viyatanām
Zanzibar (m)	ज़ैंज़िबार (m)	zainzibār

www.ingramcontent.com/pod-product-compliance
Lightning Source LLC
Chambersburg PA
CBHW071503070426
42452CB00041B/2217